D0788971

NATIONAL GEOGRAPHIC KiDS

MON GRAND LIVRE DE L'ESPACE

CATHERINE D. HUGHES

ILLUSTRATIONS DE

DAVID A. AGUILAR

TEXTE FRANÇAIS DU GROUPE SYNTAGME

Éditions

SCHOLASTIC

TABLE DES MATIÈRES

Introduction : Comment se servir de ce livre
6

Notre système solaire
8

DEPUIS LA TERRE 10

LES VOISINES DE LA TERRE 32

D'AUTRES VOISINS DE LA TERRE 70

LOIN, TRÈS LOIN 88

L'EXPLORATION DE L'ESPACE 106

Carte du système solaire
120

Conseils aux parents
122

Glossaire
124

Index
126

INTRODUCTION

Ce livre est une initiation à l'espace et à tout ce qui s'y trouve. Il répond à des questions comme « Combien d'étoiles y a-t-il dans le ciel? » et « Qu'est-ce que l'espace? »

Quand nous regardons le ciel, nous voyons la Lune, le Soleil et d'autres étoiles ainsi que de grands espaces vides. Entre les étoiles, les planètes et les lunes, et au-delà de l'atmosphère qui peut les entourer, il y a beaucoup de poussières et de matières gazeuses, et parfois des morceaux de roches et de métaux. Le grand « vide » entre toutes ces choses, c'est l'espace.

MON GRAND LIVRE DE L'ESPACE DE NATIONAL GEOGRAPHIC KIDS EST DIVISÉ EN CINQ CHAPITRES.

DEPUIS LA TERRE

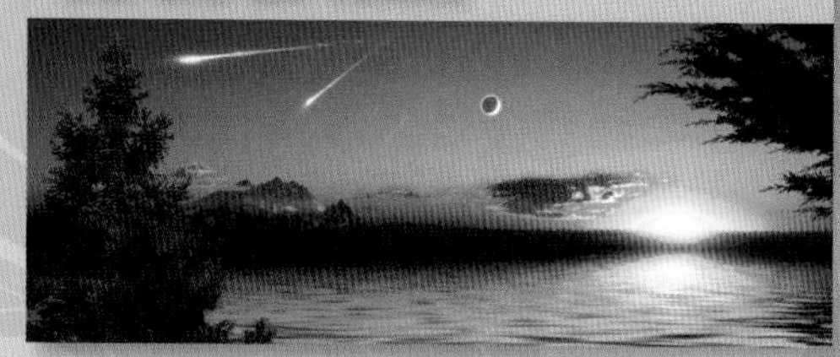

Le **CHAPITRE UN** présente quelques-unes des composantes de l'espace les plus connues : le Soleil, la Terre, la Lune et les météores.

LES VOISINES DE LA TERRE

Dans le **CHAPITRE DEUX**, la découverte du système solaire se poursuit avec la présentation des sept grandes planètes : Vénus, Mercure, Mars, Saturne, Jupiter, Neptune et Uranus.

D'AUTRES VOISINS DE LA TERRE

Le **CHAPITRE TROIS** présente les autres objets célestes voisins de la Terre dans le système solaire : les astéroïdes, les planètes naines (qui portent à 13 le nombre de planètes dans notre système solaire) et les comètes.

LOIN, TRÈS LOIN

En avançant plus loin dans l'espace, le **CHAPITRE QUATRE** aborde des sujets comme l'univers et les étoiles, les constellations, les galaxies, les nébuleuses et les mystérieux trous noirs.

L'EXPLORATION DE L'ESPACE

Le **CHAPITRE CINQ** montre par quels moyens nous avons exploré l'espace : les engins spatiaux, les télescopes et les stations spatiales. Tu pourras même explorer une installation futuriste sur Mars!

COMMENT SE SERVIR DE CE LIVRE

Les **BULLES** disséminées ici et là fournissent des renseignements additionnels et leur contenu s'ajoute au texte principal de chaque section.

Les **ENCADRÉS** « infos » offrent un aperçu du sujet. L'image de la Terre (toujours à gauche) donne une idée de l'échelle des planètes. La distance de la Terre est exprimée par le temps qu'un véhicule spatial met pour se rendre à chaque endroit et le survoler.

Les immenses **VOLCANS** de Mars sont peut-être les **PLUS GROS** du **SYSTÈME SOLAIRE.**

Deimos

Un jour sur Mars est presque **AUSSI LONG** qu'un jour sur Terre.

Phobos

44

LES VOISINES DE LA TERRE

MARS

Mars est la planète de notre système solaire qui ressemble le plus à la Terre.

Les scientifiques croient qu'il y avait des rivières sur Mars il y a longtemps. Ils se demandent où se trouve maintenant cette eau. Il est possible qu'elle soit gelée sous la surface.

INFOS

TAILLE

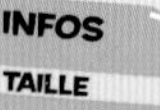

POSITION DANS L'ESPACE
Quatrième planète en orbite autour du Soleil

DISTANCE DE LA TERRE
Un engin spatial met huit mois pour s'y rendre.

45

Des illustrations colorées et des photos claires illustrent les sujets et des légendes ajoutent des détails.

POUR LES PARENTS

À la fin du livre, vous trouverez une carte du système solaire, des conseils et des idées d'activités liées à l'espace ainsi qu'un glossaire pratique.

NOTRE SYSTÈME SOLAIRE

Remarque : Les distances entre les planètes ne sont pas à l'échelle.

Le Soleil est situé au centre du système solaire dont la Terre fait partie. Le livre commence par cette étoile importante. Tu vois ci-dessous la taille du Soleil par rapport à celle des huit grandes planètes, des cinq planètes naines et des nombreuses lunes dont il sera question aux chapitres 1, 2 et 3. L'emplacement de la ceinture d'astéroïdes et de la ceinture de Kuiper est aussi indiqué. Reviens à cette illustration au fil de ta lecture.

CHAPITRE UN

DEPUIS

Le Soleil se couche et la Lune se lève au-dessus de la planète Terre.

LA TERRE

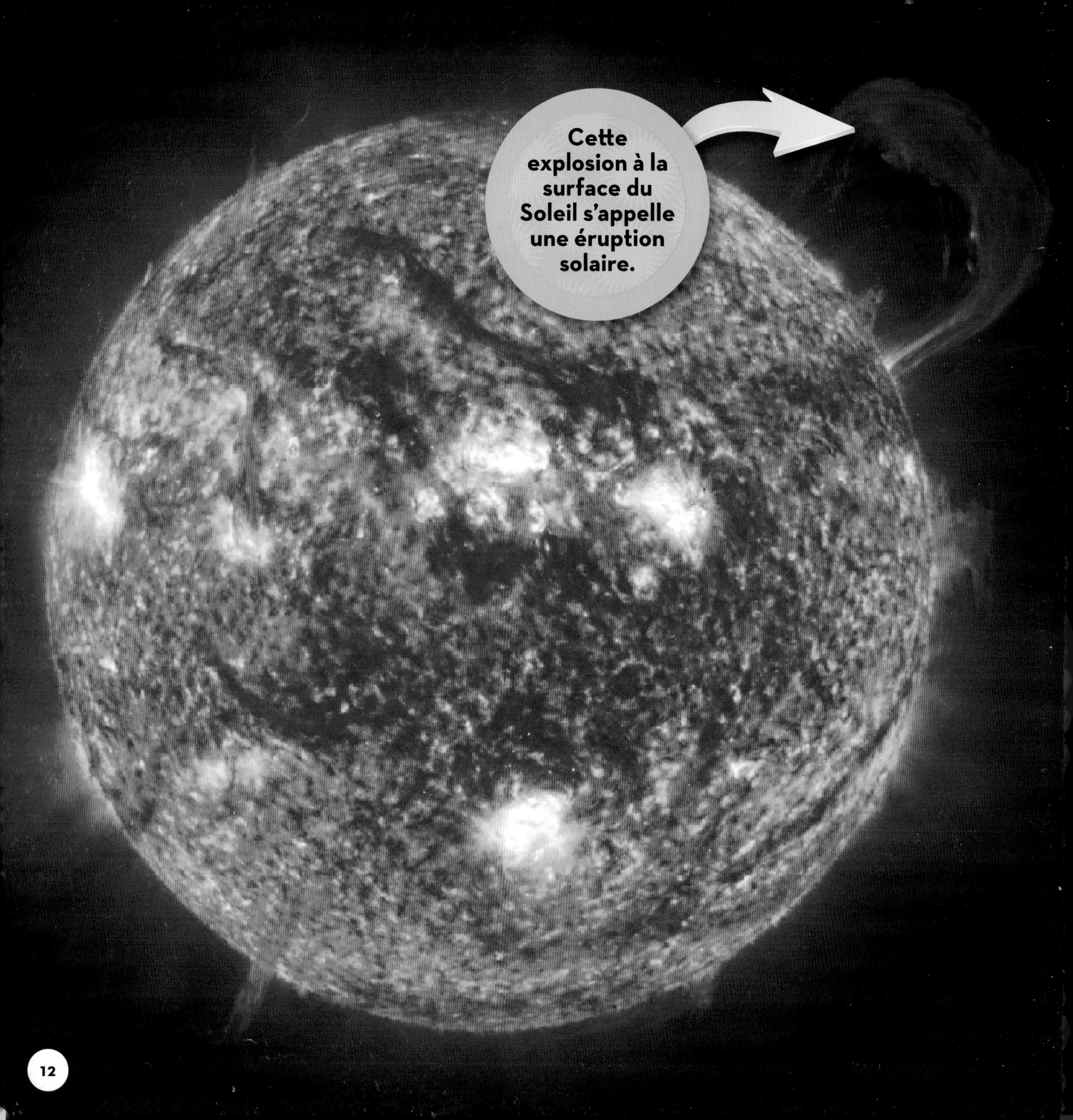

Cette explosion à la surface du Soleil s'appelle une éruption solaire.

LE SOLEIL

Le Soleil est une étoile. Il s'agit de l'étoile la plus proche de la Terre, la planète sur laquelle tu habites. Le Soleil est très chaud. Sa chaleur et sa lumière permettent aux plantes, aux animaux et à toi de vivre sur la Terre.

Le Soleil, les planètes, les lunes et différents types de roches de l'espace font partie de notre système solaire. Le Soleil se trouve au centre de ce système.

LE SOLEIL est situé à environ **149 MILLIONS DE KILOMÈTRES** de la **TERRE.**

Si tu pouvais aller **EN VOITURE** jusqu'au Soleil, cela te prendrait **PLUS DE 170 ANS.**

La Terre décrit un grand cercle autour du Soleil : c'est ce qu'on appelle l'orbite. Il faut une année à la Terre pour faire le tour du Soleil. Une année sur la Terre correspond au temps que celle-ci met pour décrire son orbite autour du Soleil.

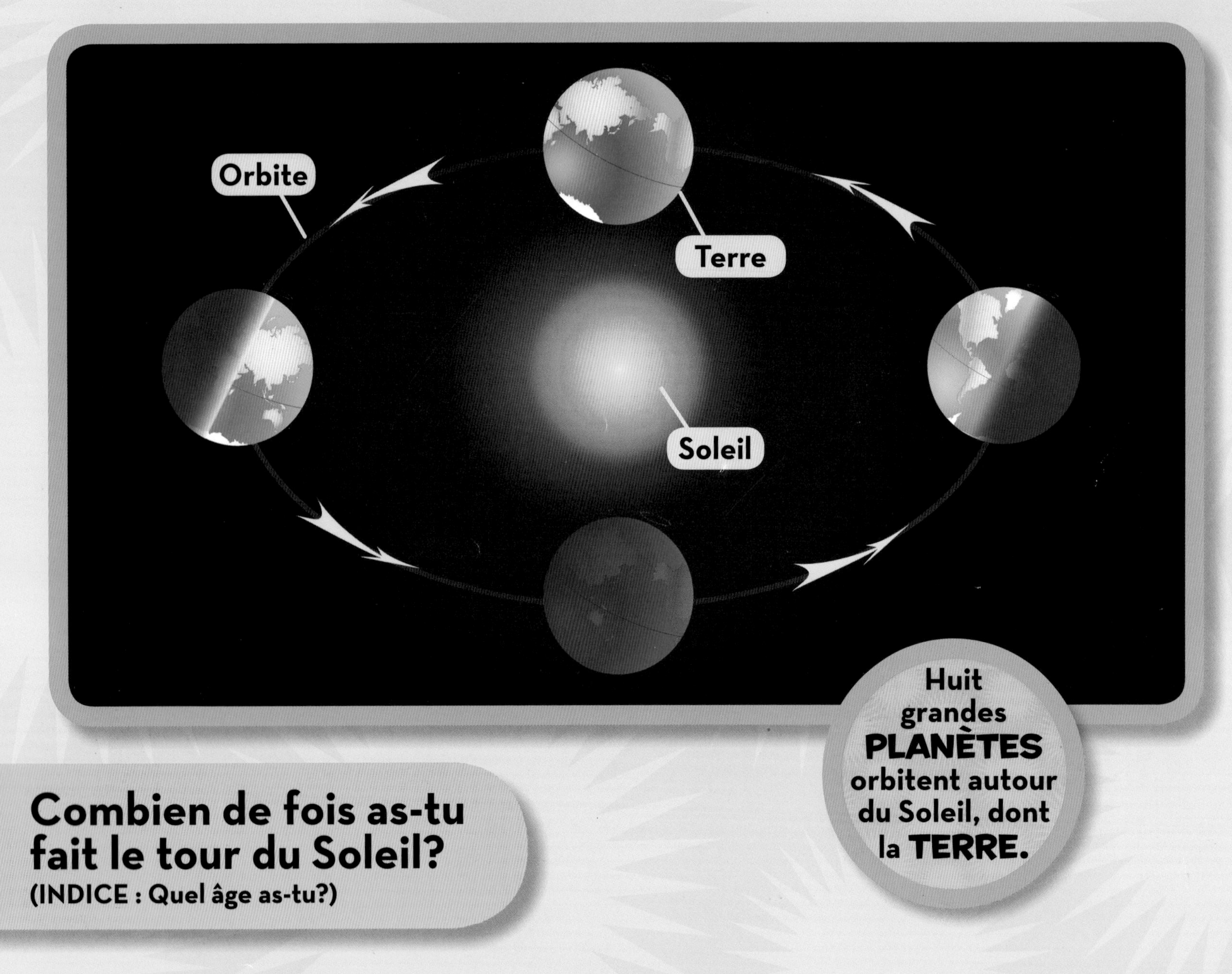

Huit grandes **PLANÈTES** orbitent autour du Soleil, dont la **TERRE.**

Combien de fois as-tu fait le tour du Soleil?
(INDICE : Quel âge as-tu?)

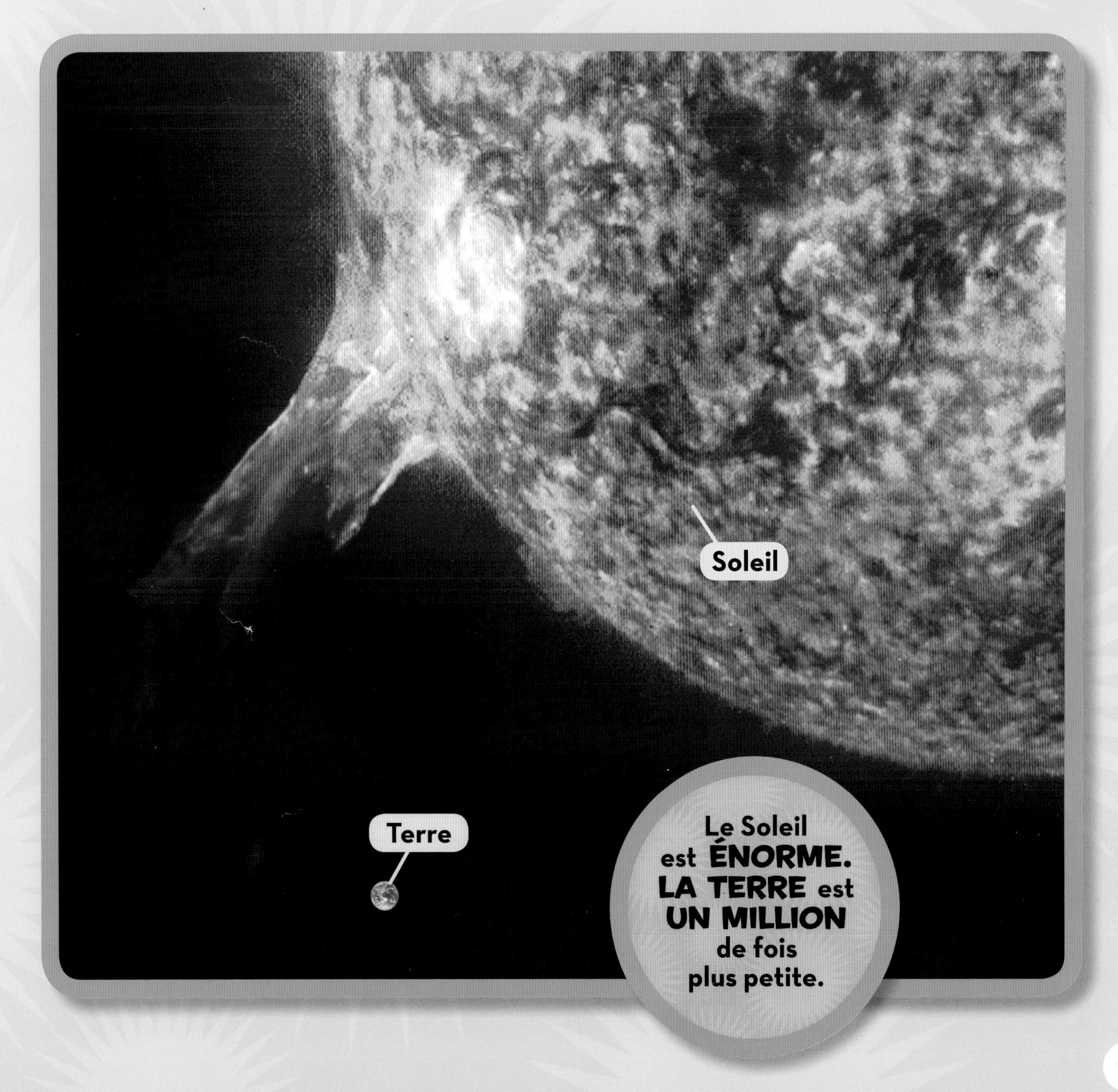

Le Soleil est **ÉNORME.** **LA TERRE** est **UN MILLION** de fois plus petite.

Pendant la journée, l'endroit où se trouve le Soleil change. Le matin, le Soleil se lève. C'est le moment où l'obscurité de la nuit cède la place à la lumière du jour. C'est le lever du Soleil.

Le Soleil **SE LÈVE** toujours à l'**EST.**

À midi, le Soleil est haut dans le ciel.

Ne regarde pas le **SOLEIL** directement. Il est si **ÉBLOUISSANT** que cela pourrait endommager tes yeux.

À la fin de l'après-midi, le Soleil est bas dans le ciel. Il va bientôt se coucher et disparaître à l'horizon. La nuit revient alors.

La majeure partie de la **TERRE** est recouverte par les **OCÉANS.** Le bleu représente de l'eau.

Terre

La **TERRE** est la **CINQUIÈME PLANÈTE** du système solaire en termes de grandeur.

LA TERRE

Une planète est un gros objet rond dans l'espace qui orbite autour d'une étoile. La Terre est ta maison. Le Soleil est ton étoile.

La **TERRE** est la **TROISIÈME** planète en orbite autour du **SOLEIL.**

La Terre est toujours en mouvement. Elle orbite autour du Soleil et tourne aussi sur elle-même, comme une toupie.

La **TERRE** tourne sur elle-même à environ **1 600 KILOMÈTRES À L'HEURE.**

Tourner sur soi-même donne le vertige. Heureusement on ne sent pas la rotation de la Terre.

Le jour, il y a de la lumière à l'extérieur et tu peux voir le Soleil.

À mesure que la Terre tourne, l'endroit où tu es sur la planète fait dos au Soleil. La nuit tombe.

Comme la Terre continue de tourner, tu verras bientôt à nouveau le Soleil. Il faut un jour et une nuit, 24 heures, pour que la Terre effectue un tour complet.

Quand c'est l'**HIVER** dans ton pays, la partie de la Terre où tu habites **EST INCLINÉE EN DIRECTION OPPOSÉE AU SOLEIL.**

Quand c'est l' **ÉTÉ** dans ton pays, la partie de la Terre où tu habites **EST INCLINÉE VERS LE SOLEIL.**

Une grande force invisible que l'on appelle la gravité attire tout vers le centre de la Terre. La gravité t'empêche, toi et tout ce qui t'entoure, de flotter dans les airs.

Quand tu **SAUTES,** c'est la **GRAVITÉ** qui te fait **RETOMBER.**

Peux-tu sauter cinq fois de suite pour montrer que la gravité agit chaque fois?

La Terre est une planète remarquable. C'est le seul endroit connu où il y a de la vie : des plantes, des animaux et des humains.

Le **JAGUAR** est l'un des nombreux animaux qui **VIVENT SUR LA TERRE.**

La **LUNE** met environ **27 JOURS** pour faire **LE TOUR DE LA TERRE**

LA LUNE

Tu peux souvent voir la Lune quand tu regardes le ciel la nuit. La Lune orbite autour de la Terre de la même façon que la Terre orbite autour du Soleil. La Lune est rocheuse et il y fait froid.

INFOS

TAILLE

POSITION DANS L'ESPACE
En orbite autour de la Terre

DISTANCE DE LA TERRE
Un engin spatial met environ trois jours pour s'y rendre.

La Lune semble brillante, mais en réalité c'est un endroit sombre. Elle brille seulement quand la lumière du Soleil est reflétée ou réfléchie par sa surface.

La forme de la face visible de la Lune change. On appelle ces changements les phases lunaires. Les phases changent à mesure que la Lune tourne autour de la Terre.

Parfois, la Lune a la forme d'une banane.

D'autres fois, elle ressemble à un demi-cercle.

Parfois, la Lune forme un cercle presque parfait.

Environ une fois par mois, elle ressemble à un ballon lumineux.

Quelle phase lunaire préfères-tu?

Le seul endroit dans l'espace où des humains ont atterri est la Lune. Avant ta naissance, des astronautes, des gens qui voyagent dans l'espace, ont visité la Lune.

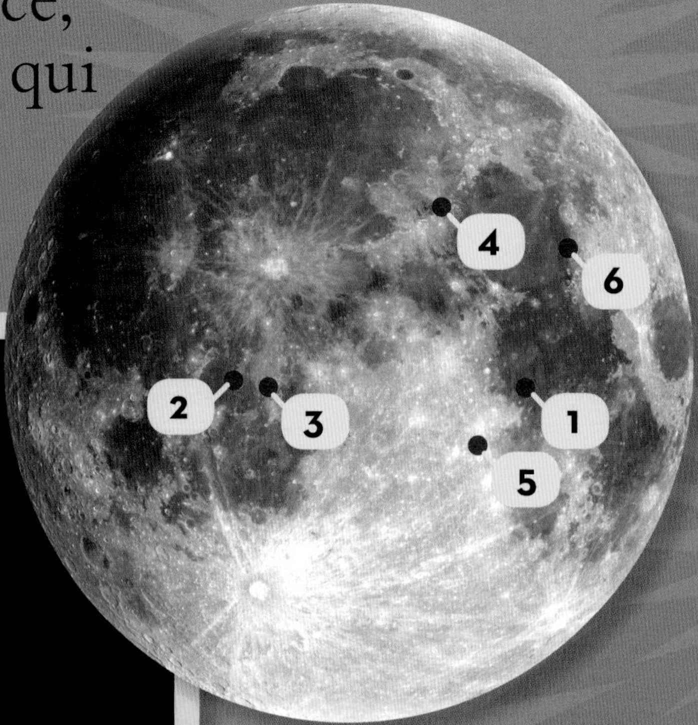

Les astronautes sont allés six fois sur la Lune. L'image ci-dessus montre où ils se sont posés.

Un MODULE LUNAIRE a transporté les astronautes jusqu'à la Lune à partir d'un plus grand vaisseau spatial qui est resté en orbite.

La Terre est entourée d'air que l'on appelle l'atmosphère. Mais la Lune n'en a pas. Un astronaute doit donc porter une combinaison spatiale qui lui fournit de l'air et le protège du froid.

Sur la Lune, des astronautes ont conduit un **VÉHICULE LUNAIRE.**

Météores
Lune
On appelle parfois ÉTOILE FILANTE une roche de l'espace très chaude et lumineuse qui tombe vers la Terre.
Terre

LES MÉTÉORES ET LES MÉTÉORITES

Beaucoup de morceaux de roches flottent dans l'espace. Parfois, un de ces morceaux entre très vite dans l'atmosphère de la Terre en se dirigeant vers la surface de la planète. On l'appelle un météore.

La plupart des météorites peuvent **TENIR DANS LA PAUME DE LA MAIN.**

Habituellement, un météore se consume avant d'atteindre le sol. Mais il arrive qu'il atteigne la surface de la Terre. S'il touche le sol, on l'appelle un météorite.

Penses-tu que ce serait amusant d'observer le ciel la nuit pour y voir des météores?

CHAPITRE DEUX

La Terre a plusieurs autres planètes voisines.

LES VOISINES DE LA TERRE

Saturne
Neptune
Uranus
Jupiter
Soleil
Mars
Terre
Vénus
Mercure

LES PLANÈTES ROCHEUSES ET LES GÉANTES GAZEUSES

Pour qu'un objet céleste s'appelle une planète, il doit être rond et tourner en orbite autour d'une étoile. Aucun autre objet n'a exactement la même orbite. Huit grandes planètes sont en orbite autour du Soleil.

Les quatre planètes les plus proches du Soleil sont principalement formées de roches. On les appelle les planètes telluriques ou rocheuses.

Les quatre planètes les plus éloignées du Soleil sont des boules de gaz géantes. Elles n'ont pas de surface solide.

Il y a des choses qui sont **SOLIDES,** comme une **ROCHE.**

D'autres sont **GAZEUSES,** comme l'**AIR** que tu respires.

Et d'autres encore sont **LIQUIDES,** comme l'**EAU.**

Peux-tu mémoriser le nom des huit grandes planètes illustrées à la page 34?

Mercure **N'A PAS** de lune.

MERCURE est si proche du **SOLEIL** qu'on la voit difficilement depuis la **TERRE.**

MERCURE

Mercure est la planète la plus proche du Soleil. C'est la plus petite des huit grandes planètes.

Elle orbite autour du Soleil plus rapidement que toutes les autres planètes. La Terre met 365 jours pour orbiter autour du Soleil, soit une année terrestre. Une année sur Mercure ne dure que 88 jours.

INFOS

TAILLE

POSITION DANS L'ESPACE
Première planète en orbite autour du Soleil

DISTANCE DE LA TERRE
Un engin spatial met cinq mois pour s'y rendre.

Sur Mercure, il fait très chaud le jour et très froid la nuit.

Les scientifiques de la National Aeronautics and Space Administration (NASA) ont envoyé vers Mercure une sonde spatiale appelée *MESSENGER*. La NASA est l'agence spatiale des États-Unis.

MESSENGER **a parcouru 7,9 milliards de kilomètres avant de se placer en ORBITE autour de MERCURE.**

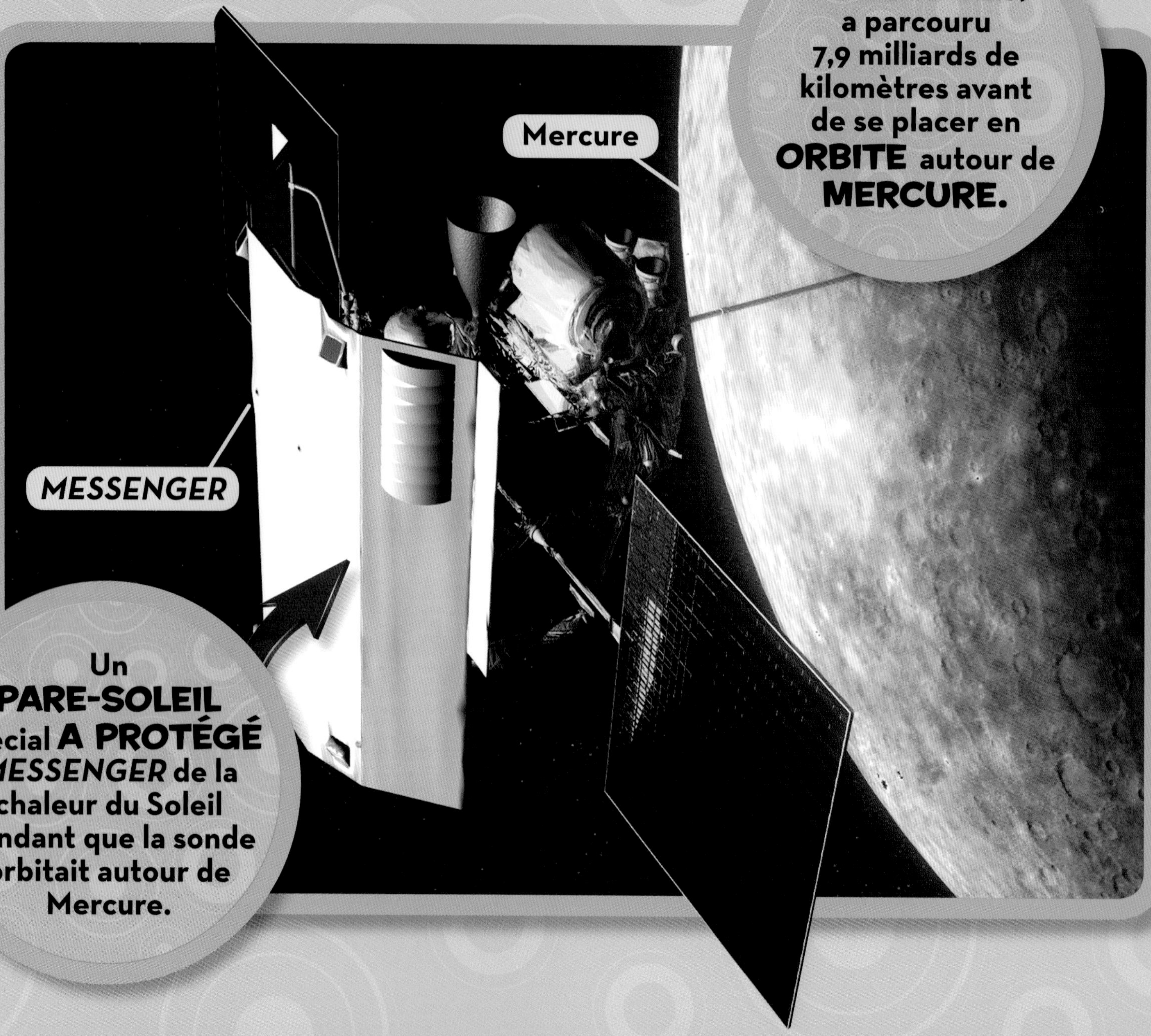

Mercure

MESSENGER

Un PARE-SOLEIL spécial A PROTÉGÉ *MESSENGER* de la chaleur du Soleil pendant que la sonde orbitait autour de Mercure.

Voici un **CRATÈRE.** C'est un **GRAND TROU** en forme de **BOL** à la surface d'une planète ou d'une lune.

Voici une des **PHOTOGRAPHIES** de la **SURFACE DE MERCURE** prises par ***MESSENGER.***

En mars 2011, *MESSENGER* est devenu le premier engin spatial mis en orbite autour de Mercure. *MESSENGER* a envoyé des photographies de Mercure aux scientifiques restés sur Terre.

Quel âge avais-tu quand *MESSENGER* a commencé à orbiter autour de Mercure?

MERCURE et **VÉNUS** sont les deux seules grandes planètes de notre système solaire qui n'ont **PAS DE LUNE.**

VÉNUS est la planète **LA PLUS PROCHE DE LA TERRE.**

VÉNUS

INFOS

TAILLE

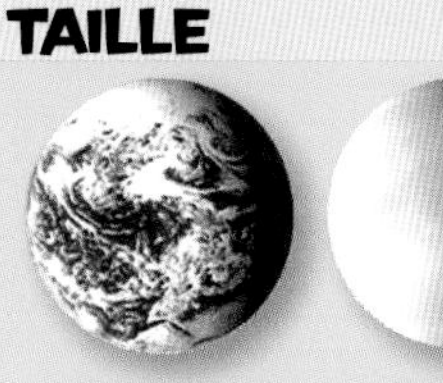

POSITION DANS L'ESPACE
Deuxième planète en orbite autour du Soleil

DISTANCE DE LA TERRE
Un engin spatial met environ quatre mois pour s'y rendre.

Vénus est la planète la plus chaude de notre système solaire. Elle a une atmosphère composée d'épais nuages qui conservent la chaleur comme le ferait une couverture. C'est pourquoi il fait très chaud sur Vénus.

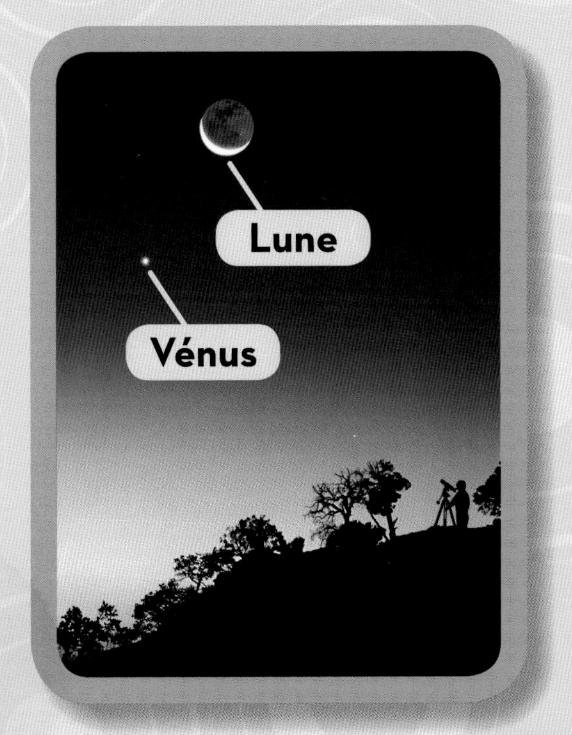

Les nuages entourant Vénus réfléchissent la lumière du Soleil, alors cette planète semble très brillante. La nuit, seule la Lune est plus brillante dans le ciel terrestre.

Peux-tu trouver Vénus dans le ciel?
INDICE : On dirait que c'est l'étoile la plus brillante, mais c'est une planète, pas une étoile.

MAGELLAN a été transportée dans l'espace par un engin qui s'appelle une **NAVETTE SPATIALE.**

Magellan, une sonde spatiale envoyée vers Vénus, a pu percer l'épaisse couche de nuages qui entoure la planète et prendre des photos de sa surface.

Un jour sur **VÉNUS** est beaucoup plus long qu'un jour sur Terre parce que Vénus **TOURNE PLUS LENTEMENT SUR ELLE-MÊME.**

Magellan a montré que la plus grande partie de la surface de Vénus est recouverte de lave, la pierre provenant des volcans.

Voici un **VOLCAN** sur Vénus appelé **MAAT MONS.**

La **TERRE** tourne dans le **SENS CONTRAIRE DES AIGUILLES D'UNE MONTRE. VÉNUS** tourne dans le **SENS DES AIGUILLES D'UNE MONTRE.**

VÉNUS TOURNE dans le **SENS INVERSE** de la **TERRE.**

Les immenses **VOLCANS** de Mars sont peut-être les **PLUS GROS** du **SYSTÈME SOLAIRE.**

Un jour sur Mars est presque **AUSSI LONG** qu'un jour sur Terre.

MARS

Mars est la planète de notre système solaire qui ressemble le plus à la Terre.

Les scientifiques croient qu'il y avait des rivières sur Mars il y a longtemps. Ils se demandent où se trouve maintenant cette eau. Il est possible qu'elle soit gelée sous la surface.

INFOS

TAILLE

POSITION DANS L'ESPACE
Quatrième planète en orbite autour du Soleil

DISTANCE DE LA TERRE
Un engin spatial met huit mois pour s'y rendre.

Mars est rougeâtre parce que les **ROCHES** à sa surface contiennent beaucoup de **FER,** un **MÉTAL** qui rougit quand il **ROUILLE.**

Mars a deux toutes petites lunes qui ressemblent à des pommes de terre. Elles s'appellent Phobos et Deimos.

Phobos

Deimos

Imagine que tu es sur Phobos et que tu regardes en haut : Mars occupe une bonne partie du ciel. En effet, Mars est très proche de sa lune.

Maintenant, imagine que tu es sur la Lune et que tu regardes en haut. La Terre n'occupe pas une aussi grande partie du ciel, car elle est loin de la Lune.

Plusieurs vaisseaux ont transporté jusqu'à Mars de l'équipement pour explorer la planète. Des robots roulants appelés des « rovers » ont pris des photos, cherché de l'eau et étudié les roches.

Le rover **SOJOURNER** a été le **PREMIER VÉHICULE** muni de **ROUES** utilisé pour **EXPLORER** une autre planète.

Le rover **SPIRIT** a pris cette photo de la **SURFACE DE MARS.**

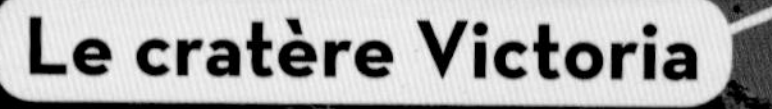

Deux rovers appelés *Spirit* et *Opportunity* se sont posés sur deux côtés de Mars en janvier 2004. *Spirit* a cessé de fonctionner en 2010, mais *Opportunity* a continué d'envoyer des informations vers la Terre.

Est-ce que *Spirit* et *Opportunity* se sont posés sur Mars avant ou après ta naissance?

Le rover *CURIOSITY* a été LANCÉ de la TERRE en 2011 et il s'est posé sur MARS en 2012. Une de ses missions consistait à RAMASSER et à examiner des ROCHES.

La planète **JUPITER** semble rayée. Elle tourne très vite, ce qui a pour effet d'étirer les **NUAGES DE SON ATMOSPHÈRE** en **BANDES TOUT AUTOUR DE LA PLANÈTE.**

Cette **GRANDE TACHE ROUGE** est plus large que trois planètes Terre réunies.

JUPITER

Jupiter est la plus grosse planète de notre système solaire. Elle pourrait contenir toutes les autres planètes du système solaire tellement elle est grande.

INFOS

TAILLE

POSITION DANS L'ESPACE
Cinquième planète en orbite autour du Soleil

DISTANCE DE LA TERRE
Un engin spatial met 13 mois pour s'y rendre.

JUPITER met près de **12 ANNÉES TERRESTRES** pour accomplir son **ORBITE AUTOUR DU SOLEIL.**

L'énorme tempête qui souffle sur Jupiter s'appelle La Grande Tache rouge. C'est comme un ouragan sur la Terre, sauf qu'elle se déchaîne depuis des centaines d'années!

Quels types de tempêtes surviennent là où tu habites?

La Terre a une lune et la planète Mars en a deux. Jupiter, elle, a au moins 63 lunes! Ses quatre plus grosses lunes sont : Europa, Callisto, Io et Ganymède.

Il y a peut-être un profond OCÉAN GLACÉ sur EUROPA.

La lune **CALLISTO** et la planète **MERCURE** sont environ de la **MÊME TAILLE.**

La lune **IO** est couverte de volcans **EN ACTIVITÉ.**

Les scientifiques s'intéressent beaucoup à Europa, car sa surface est couverte de glace. Ils pensent qu'il existe peut-être un océan sous la glace.

GANYMÈDE est la **PLUS GROSSE LUNE** de notre système solaire.

L'engin spatial *Galileo* a envoyé une sonde atmosphérique dans l'atmosphère de Jupiter. Cette dernière a mesuré la température et différentes autres choses pendant une heure environ avant d'être détruite par les tempêtes.

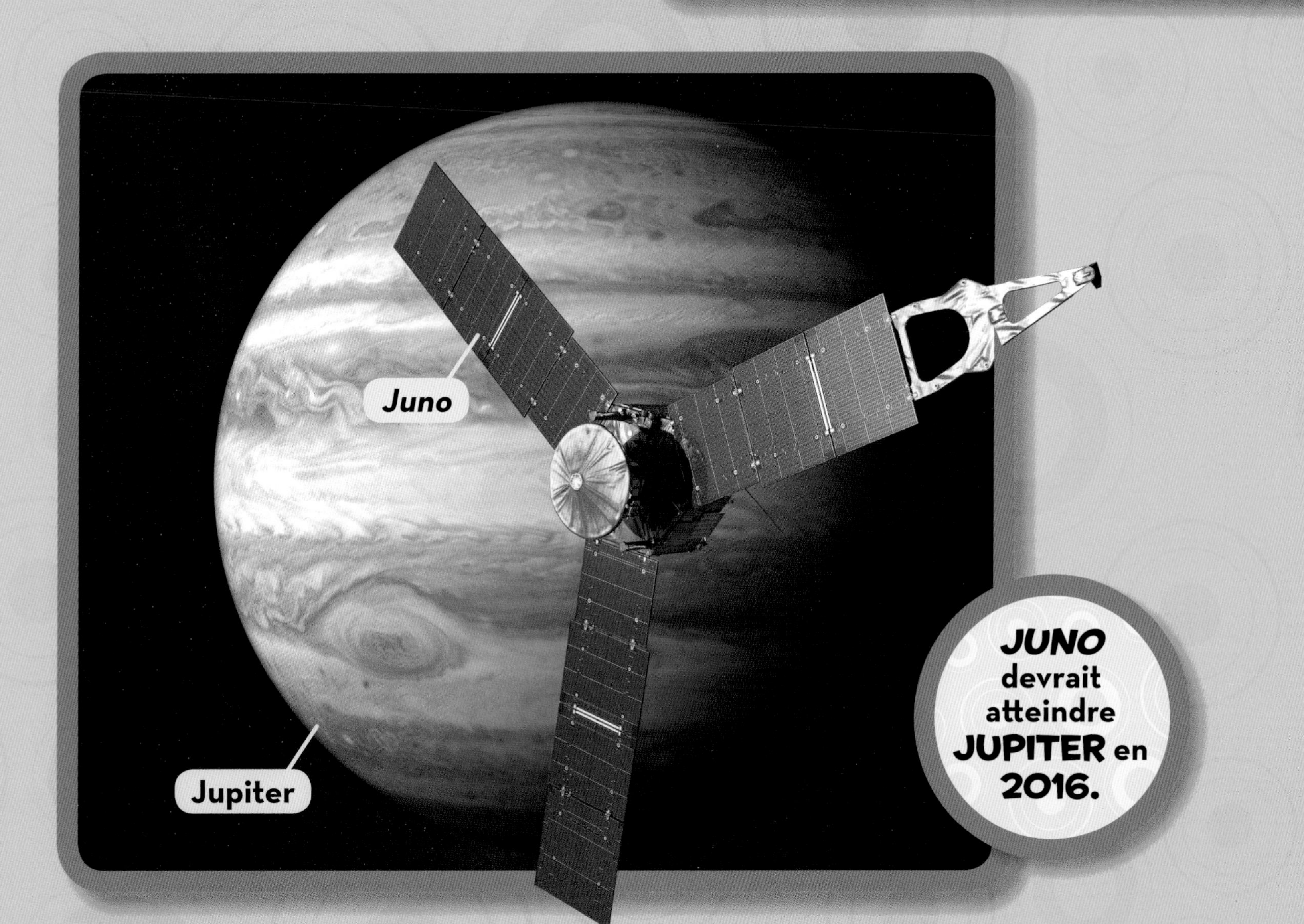

La sonde spatiale *Juno* a été chargée d'instruments capables de transmettre des informations aux scientifiques restés sur Terre. Ce sera le premier engin à voir ce qui se trouve sous les épais nuages entourant Jupiter.

SATURNE
a des milliers
d'anneaux.

SATURNE

Regarde les anneaux étincelants autour de Saturne! Ce sont les plus gros et les plus brillants de notre système solaire.

Les anneaux sont composés de milliards de petits morceaux de roches glacés. Certains morceaux sont aussi petits que des poussières. D'autres ont la taille d'immenses montagnes.

INFOS

TAILLE

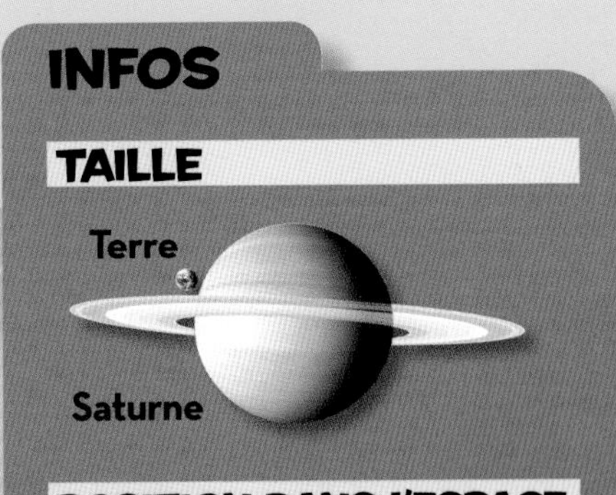

POSITION DANS L'ESPACE
Sixième planète en orbite autour du Soleil

DISTANCE DE LA TERRE
Un engin spatial met quatre ans pour s'y rendre.

LA GLACE contenue dans les anneaux de Saturne reflète **LA LUMIÈRE DU SOLEIL** et les fait **BRILLER.**

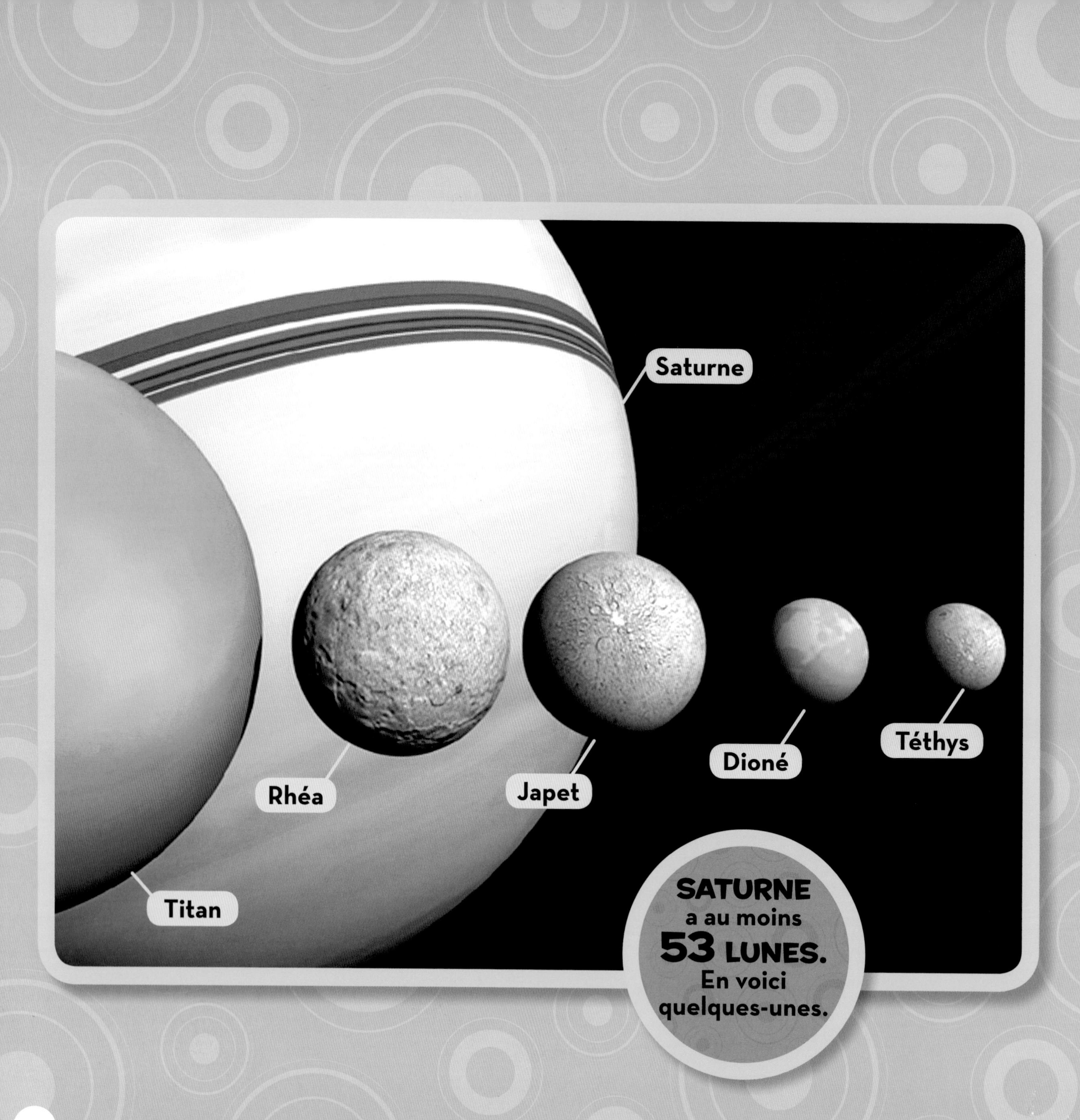
Saturne
Rhéa
Japet
Dioné
Téthys
Titan
SATURNE
a au moins
53 LUNES.
En voici
quelques-unes.

La plus grosse lune de Saturne s'appelle Titan. Le mot « titan » veut dire géant. Titan est plus grosse que la planète Mercure.

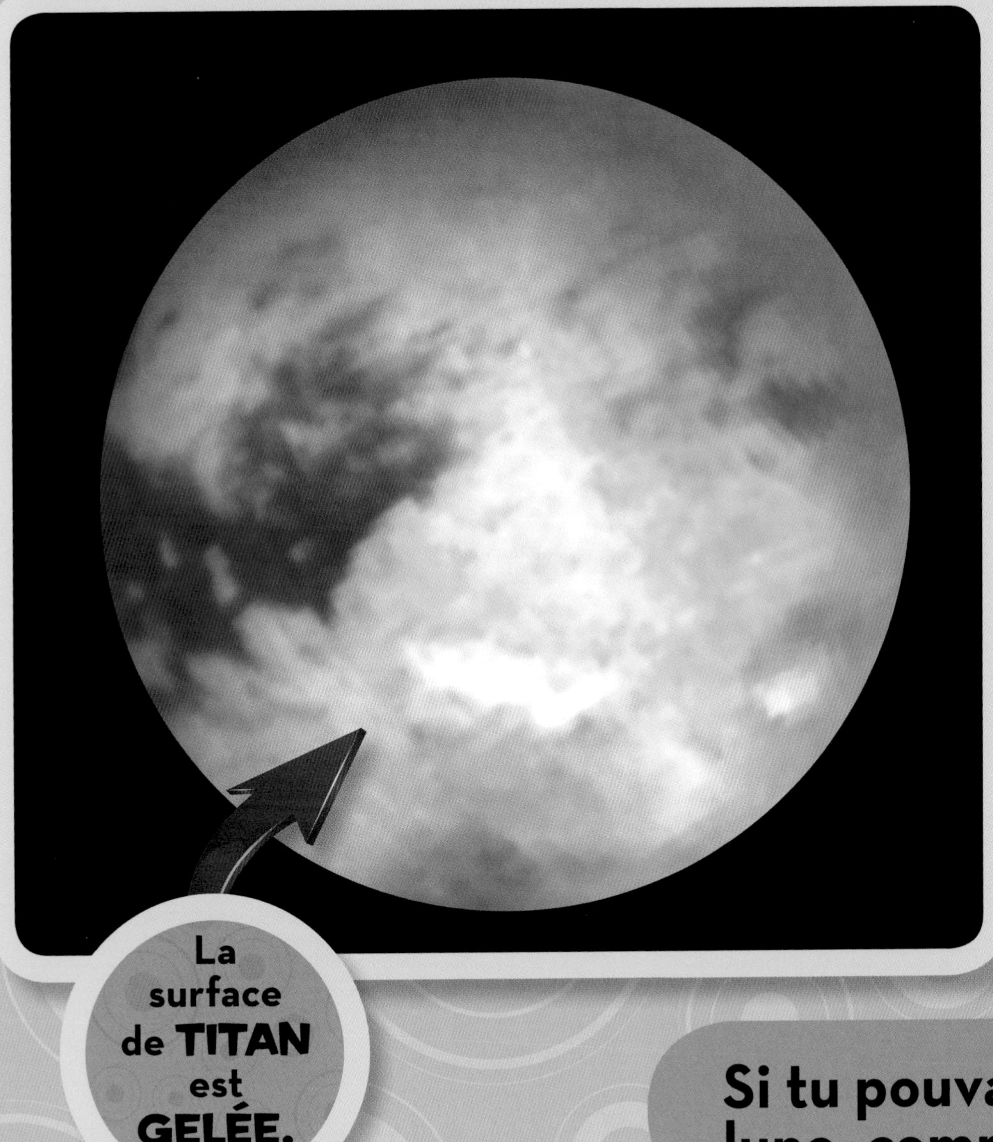

La surface de **TITAN** est **GELÉE.**

Saturne a aussi plusieurs lunes très petites. On pourrait faire le tour d'une de ces petites lunes en autant de temps qu'il en faut pour faire le tour de cinq pâtés de maisons.

Si tu pouvais choisir le nom d'une lune, comment l'appellerais-tu?

La sonde spatiale *Cassini* a atteint Saturne en 2004. Il s'agit du premier engin mis en orbite autour de Saturne; elle y demeurera jusqu'en 2017.

Quand un véhicule spatial **PASSE À CÔTÉ D'UNE PLANÈTE OU D'UNE LUNE** sans **SE PLACER EN ORBITE,** on dit qu'il fait un **SURVOL.**

Un **ORBITEUR** est un véhicule spatial qui reste en orbite autour d'une **PLANÈTE OU D'UNE LUNE.**

Cassini transportait un module atterrisseur appelé *Huygens*. Le module a été lancé par *Cassini* et a atterri sur Titan. Un parachute a aidé *Huygens* à se poser en douceur.

Huygens sur Titan

Uranus met **84 ANNÉES TERRESTRES** pour effectuer son orbite autour du Soleil.

Contrairement à la Terre, **L'AXE DE ROTATION** d'Uranus est **VERTICAL.**

URANUS

La planète Uranus est inclinée. Les scientifiques croient qu'un gigantesque objet de l'espace, de la taille d'une planète, se serait écrasé sur Uranus il y a très longtemps. Cette collision aurait fait basculer Uranus.

Compare les images de Saturne et d'Uranus ci-dessous. Vois-tu que l'axe de rotation d'Uranus est vertical?

INFOS

TAILLE

POSITION DANS L'ESPACE
Septième planète en orbite autour du Soleil

DISTANCE DE LA TERRE
Un engin spatial met plus de huit ans pour s'y rendre.

Saturne

Uranus

La planète Uranus est glaciale; c'est la plus froide des huit grandes planètes.

URANUS a au moins **13** anneaux, mais il est très difficile de les voir.

Une des **LUNES** qui orbitent autour d'Uranus a été baptisée **MIRANDA.**

Compte jusqu'à 27!

Personne ne sait de façon certaine combien de lunes sont en orbite autour d'Uranus. On en connaît au moins 27. Il pourrait en exister d'autres que les astronomes, les gens qui étudient l'espace, n'ont pas encore trouvées.

La sonde *Voyager 2* est le seul engin spatial qui s'est approché d'Uranus. Elle a survolé la planète pendant cinq heures et demie, puis a poursuivi sa course dans l'espace.

Miranda

VOYAGER 2 a transmis cette photographie de **MIRANDA.**

LA SURFACE de **MIRANDA** est très étrange. On y trouve des canyons 12 fois plus profonds que le Grand Canyon en Arizona.

Comme Jupiter, **NEPTUNE** est une **GÉANTE GAZEUSE.**

Grande Tache sombre

NEPTUNE

INFOS

TAILLE

POSITION DANS L'ESPACE
Huitième planète en orbite autour du Soleil

DISTANCE DE LA TERRE
Un engin spatial met 12 ans pour s'y rendre.

Neptune est la planète géante la plus éloignée du Soleil.

Cette planète est balayée par des vents très violents. Ils peuvent souffler à plus de 1 600 kilomètres à l'heure!

Neptune met 165 ANNÉES TERRESTRES pour FAIRE LE TOUR DU SOLEIL.

Tu te souviens de la Grande Tache rouge sur Jupiter? Une tout aussi grosse tempête sévit sur Neptune; on l'a appelée la Grande Tache sombre. Neptune est victime de nombreuses tempêtes.

Triton est la plus grosse lune de Neptune. C'est un des endroits les plus froids de notre système solaire.

NEPTUNE est **TROP LOIN DE LA TERRE** pour être visible à l'œil nu.

Il se produit sur Triton des éruptions semblables à celles d'un volcan. Des ouvertures à sa surface projettent très haut des gaz et des poussières qui gèlent instantanément et retombent comme de la neige.

Après avoir survolé Uranus, la sonde *Voyager 2* s'est dirigée vers Neptune. Elle y a découvert six lunes. On en connaissait déjà sept. Donc, Neptune a au moins 13 lunes.

PROTÉE est la **DEUXIÈME LUNE** de Neptune en termes de grosseur. **NÉRÉIDE** est la **TROISIÈME.**

Antenne

Appareils photo

Après avoir survolé Neptune en 1989, ***VOYAGER 2*** a poursuivi sa course dans **L'ESPACE.**

Si tu pouvais envoyer un engin spatial quelque part dans l'espace pour prendre des photographies, où l'enverrais-tu?

CHAPITRE TROIS

Des astéroïdes et d'autres objets flottent dans l'espace.

D'AUTRES VOISINS DE LA TERRE

Un **ARTISTE A IMAGINÉ** une **COLLISION** entre deux **ASTÉROÏDES.**

LA CEINTURE D'ASTÉROÏDES

Un anneau de roches orbite autour du Soleil, entre Mars et Jupiter.

Ces roches sont des astéroïdes. Des milliers d'astéroïdes tournent autour du Soleil et forment un anneau que l'on appelle la ceinture d'astéroïdes.

La **CEINTURE D'ASTÉROÏDES** sépare les **PLANÈTES ROCHEUSES** et les **PLANÈTES GAZEUSES** dans l'espace.

Les astéroïdes sont en quelque sorte des restes. Il s'agit de débris de roches et de métaux qui n'ont pas servi à la formation des planètes ou des lunes.

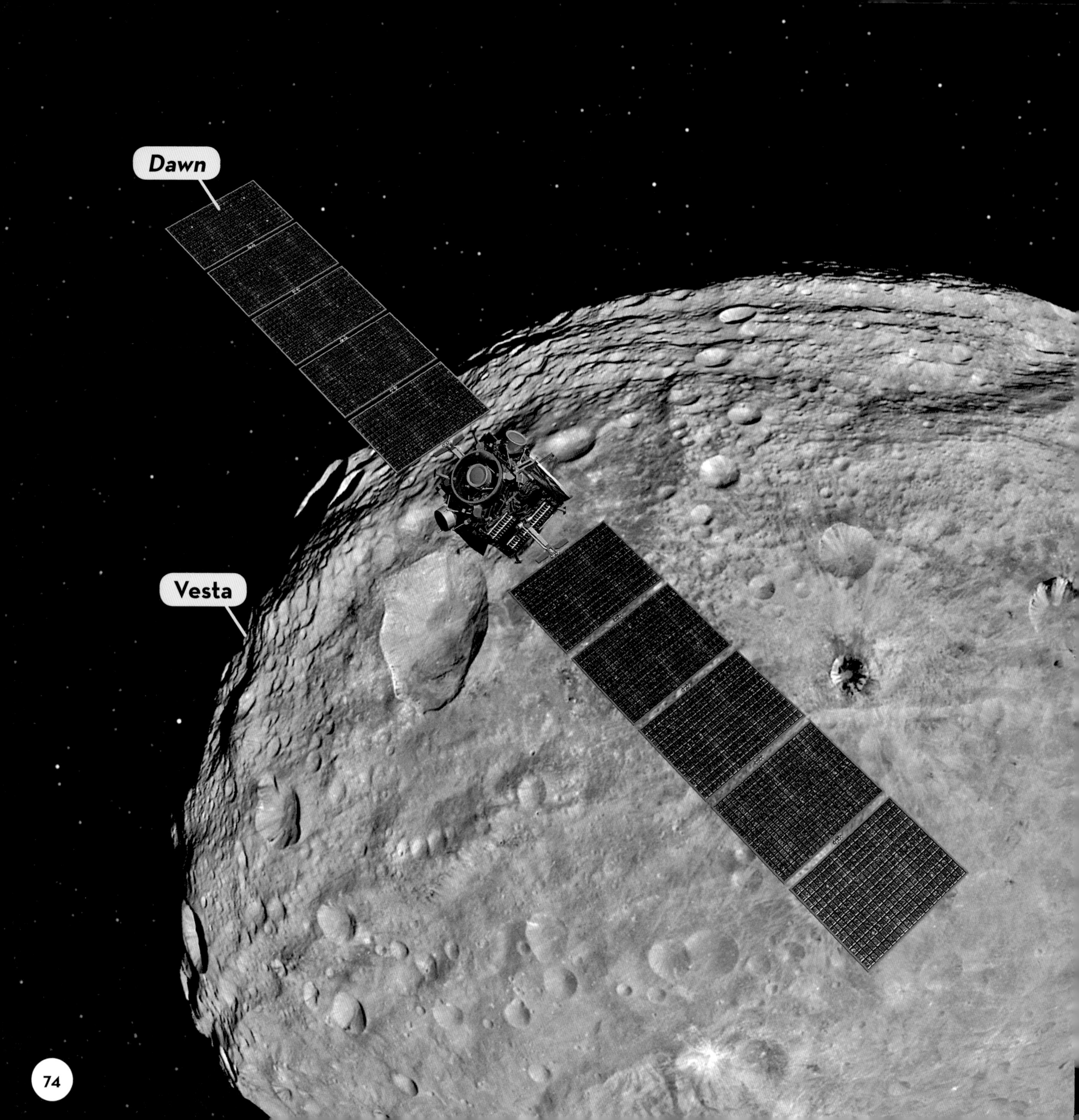
Dawn
Vesta

LES ASTÉROÏDES VUS DE PRÈS

La plupart des astéroïdes sont assez petits. Certains ont une circonférence inférieure à 1,6 km, alors que d'autres ont une circonférence supérieure à 805 km.

Les scientifiques de la NASA ont lancé la sonde spatiale *Dawn* en direction d'un astéroïde appelé Vesta.

Tourne la page pour découvrir où *Dawn* est allée ensuite.

Les scientifiques ont été surpris de voir que l'ASTÉROÏDE NOMMÉ IDA, avait une LUNE. Ils l'ont appelée DACTYL.

Si tu pouvais choisir le nom d'un engin spatial, comment l'appellerais-tu?

CÉRÈS est la **PLANÈTE NAINE** la plus proche du Soleil. Elle se trouve dans la **CEINTURE D'ASTÉROÏDES.**

Astéroïde

Astéroïde

CÉRÈS

Le mot « naine » signifie petite. Les planètes naines de notre système solaire sont plus petites que les huit grandes planètes. Cérès est l'une des cinq planètes naines.

Dawn, la sonde spatiale dont il a été question à la page 75, a atteint Cérès en 2015. En analysant la très grande quantité d'informations que la sonde a recueillies, les scientifiques espèrent en apprendre davantage à propos des astéroïdes et des planètes naines.

DAWN **est aussi grosse qu'un CAMION DE 18 ROUES.**

En comptant les planètes et les planètes naines, combien de planètes y a-t-il en tout? INDICE : 8 + 5 = ?

L'ORBITE DE PLUTON autour du Soleil équivaut à **248 ANNÉES TERRESTRES.**

PLUTON

Bien au-delà de la ceinture d'astéroïdes, de Cérès et de Neptune, il y a une autre ceinture d'objets célestes. Elle est appelée la ceinture de Kuiper. C'est là que se trouve la planète naine Pluton.

Avant, on considérait Pluton comme une planète. Quand tes parents étaient à l'école, ils ont probablement appris qu'il y avait *neuf* planètes, dont Pluton.

Toutefois, les scientifiques ont récemment décidé que cette planète est trop petite. On dit maintenant que Pluton est une planète naine et qu'il y a seulement *huit* grandes planètes dans notre système solaire.

PLUTON semble **ROULER SUR SON ORBITE** tout comme Uranus.

Charon est une très grosse lune! Elle fait environ la moitié de la taille de Pluton. Pluton a trois autres lunes, plus petites.

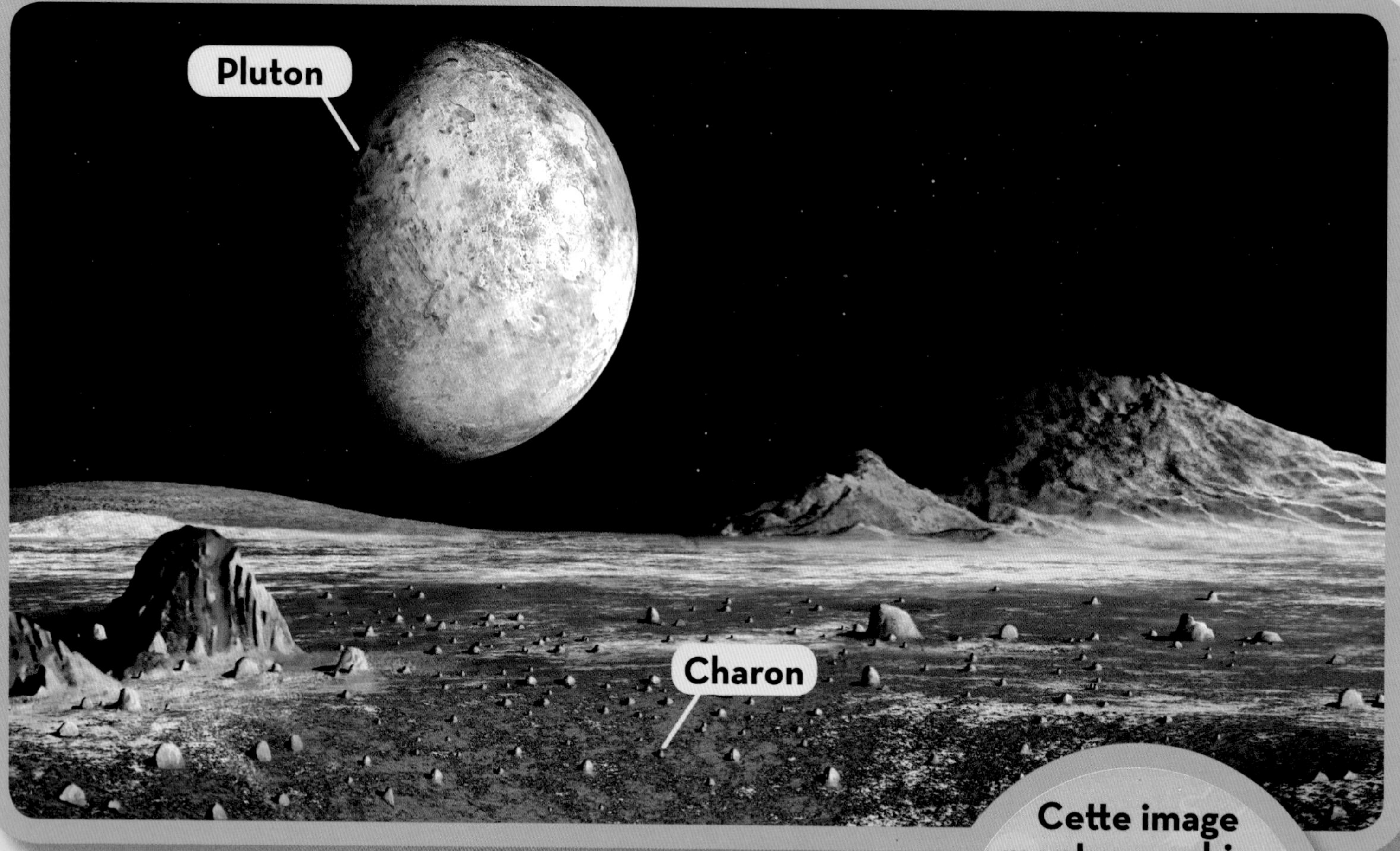

Charon présente toujours la même face à Pluton pendant son orbite, tout comme la Lune par rapport à la Terre.

Cette image montre combien **PLUTON** semblerait **GIGANTESQUE** si tu regardais le ciel depuis Charon.

En janvier 2006, les États-Unis ont lancé une sonde spatiale nommée *New Horizons* en direction de Pluton.

New Horizons a atteint Pluton en juillet 2015, l'année où *Dawn* a atteint Cérès. L'année 2015 a été remplie d'événements spatiaux intéressants!

PLUTON a été baptisée par une FILLETTE DE 11 ANS.

Peux-tu nommer deux planètes naines?

HAUMÉA est une **PLANÈTE NAINE** qui a une drôle d'allure. Elle a un peu la **FORME** d'un **ŒUF.**

Namaka

Hi'iaka

HAUMÉA, ÉRIS, ET MAKÉMAKÉ

Hauméa, Éris et Makémaké sont trois autres planètes naines situées dans la ceinture de Kuiper. Les scientifiques pensent qu'un objet a percuté Hauméa il y a longtemps.

INFOS

TAILLE

POSITION DANS L'ESPACE
Dans la ceinture de Kuiper

Éris

ÉRIS est la **PLANÈTE NAINE** la **PLUS GROSSE.**

Lors de cette collision, des morceaux de Hauméa se seraient détachés pour devenir les deux lunes appelées Namaka et Hi'iaka.

MAKÉMAKÉ met **310 ANNÉES TERRESTRES** pour **ORBITER** autour du **SOLEIL.**

Makémaké

As-tu mémorisé le nom des cinq planètes naines?

Il y a des
MILLIARDS
DE COMÈTES
dans la
CEINTURE DE
KUIPER.

LES COMÈTES

Une comète ressemble à une immense boule de neige sale. Elle est composée de roches glacées et de gaz gelés. Les comètes décrivent d'immenses orbites autour du Soleil. Parfois, une comète se rapproche tellement du Soleil qu'elle commence à fondre. Quand cela se produit, une queue se forme derrière la comète.

Une **COMÈTE** qui **RASE LE SOLEIL** s'appelle une **COMÈTE RASANTE.**

La queue d'une comète peut être très longue et très belle. Parfois, elle s'étire sur des millions de kilomètres.

Certaines comètes sont dans la ceinture de Kuiper. Elles mettent des centaines d'années pour compléter leur orbite autour du Soleil.

On en trouve d'autres très loin au-delà de Neptune. Ces comètes mettent des millions d'années pour orbiter autour du Soleil.

La **SONDE SPATIALE *ROSETTA*** se dirige vers une **COMÈTE.**

Imagine qu'une chaise est le Soleil et que tu es une comète qui orbite autour de lui!

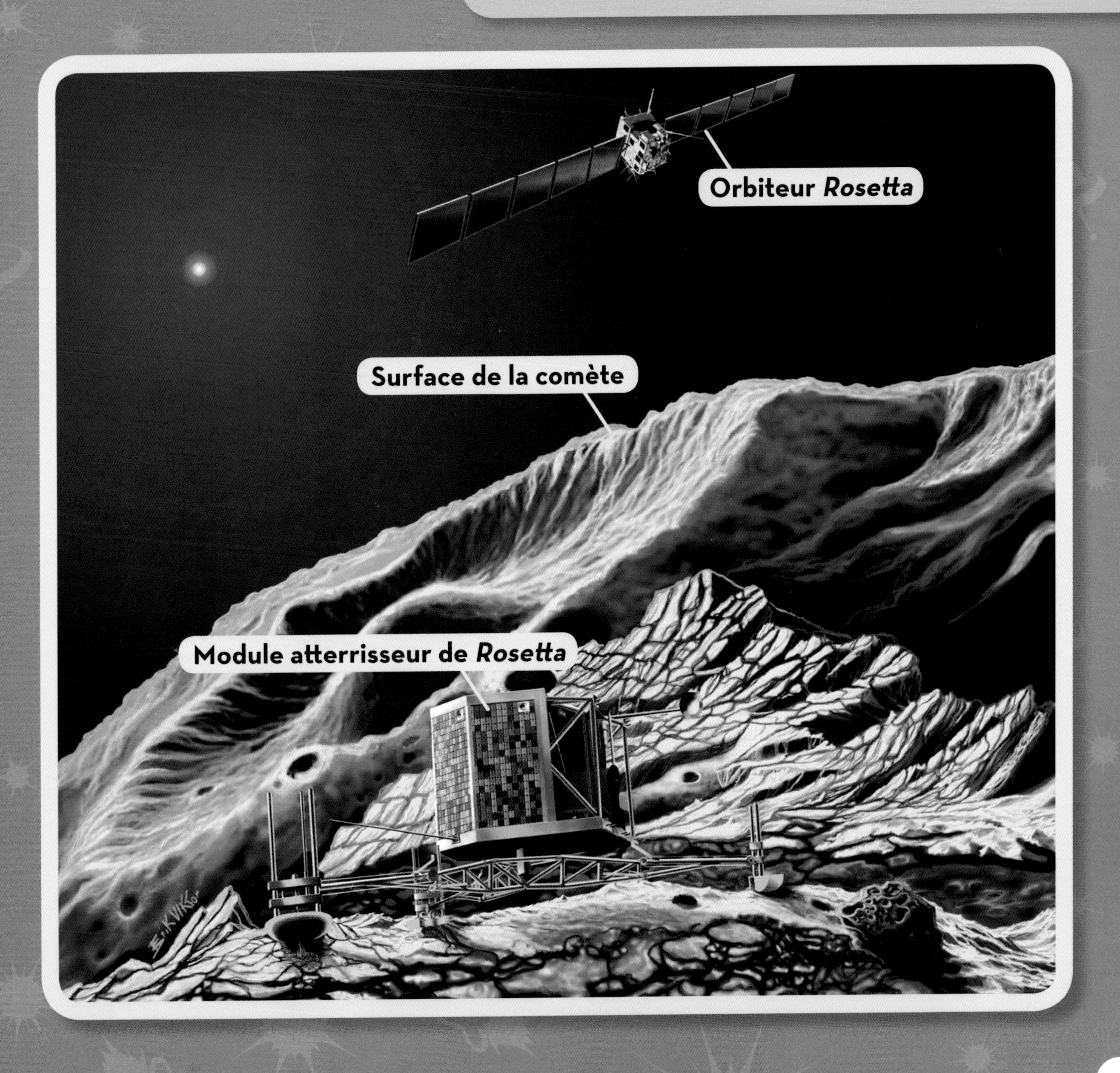
Orbiteur *Rosetta*
Surface de la comète
Module atterrisseur de *Rosetta*

CHAPITRE QUATRE

De magnifiques étoiles tournoient dans l'espace.

LOIN, TRÈS LOIN

L'UNIVERS CONTIENT DE NOMBREUSES CHOSES EXTRAORDINAIRES.
Cette photographie montre une nébuleuse. Tu découvriras ce que c'est à la page 103.

L'UNIVERS

L'univers est l'ensemble de tout ce qui existe à l'intérieur et à l'extérieur de notre système solaire. L'univers est si grand qu'il est même difficile d'imaginer ses dimensions.

Des **ÉTOILES** et des **PLANÈTES** composent d'autres systèmes solaires situés loin du nôtre.

Dans ce chapitre, tu découvriras ce qui se trouve au-delà de notre système solaire.

Si tu pouvais voyager n'importe où dans l'univers, où aimerais-tu aller?

La **TAILLE** et la **COULEUR** des **ÉTOILES VARIENT.**

Étoile chaude

Étoile froide

Peux-tu dessiner et colorier une étoile froide et une étoile chaude?

LES ÉTOILES

Par temps clair, quand il n'y a pas de nuages et que tu es loin des lumières de la ville, tu peux voir environ 3 000 étoiles dans le ciel. Toutefois, il y en a des milliards d'autres que tu ne peux pas voir.

Les étoiles produisent l'énergie qui les fait briller. Elles sont composées de gaz chauds qui sont réunis par la gravité.

LA TEMPÉRATURE DES ÉTOILES VARIE. **Les étoiles les plus chaudes sont bleues. Les plus froides sont rouges. Les étoiles jaunes, comme le Soleil de notre système, ont une température qui se situe entre les deux.**

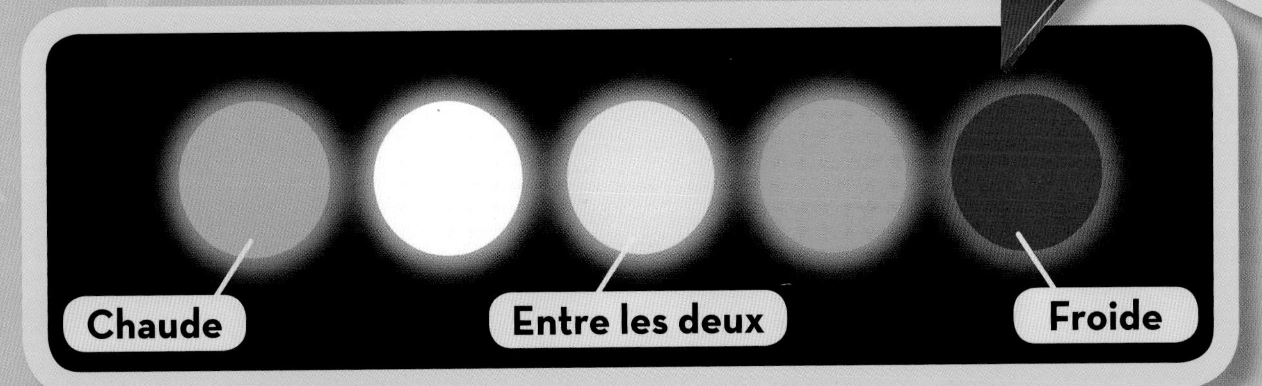

Le Soleil est l'étoile la plus proche de la Terre. Il faut environ huit minutes pour que la lumière du Soleil atteigne la Terre.

La **LUMIÈRE DU SOLEIL** fait **SCINTILLER LES BULLES!**

La deuxième étoile à partir de la Terre est Proxima du Centaure. Il faut plus de quatre ans pour que sa lumière atteigne la Terre.

PROXIMA DU CENTAURE est située à l'extérieur de notre système solaire.

En partant de la Terre, un engin spatial mettrait 19 000 années pour arriver à Proxima du Centaure. Même si c'est l'étoile la plus proche du système solaire, elle est vraiment très loin!

Constellation du Cygne

Les lignes jaunes montrent où se situe la **GRANDE CASSEROLE** dans la constellation de la **GRANDE OURSE.**

LES CONSTELLATIONS

Pendant très longtemps, les humains ont tracé des lignes imaginaires entre les étoiles, créant ainsi des images dans les groupes d'étoiles. On appelle ces groupes des constellations.

Lorsque tu regardes le ciel étoilé, peux-tu créer d'autres images à partir des points que forment les étoiles?

Les constellations sont comme des cartes dans le ciel. Il y en a 88.

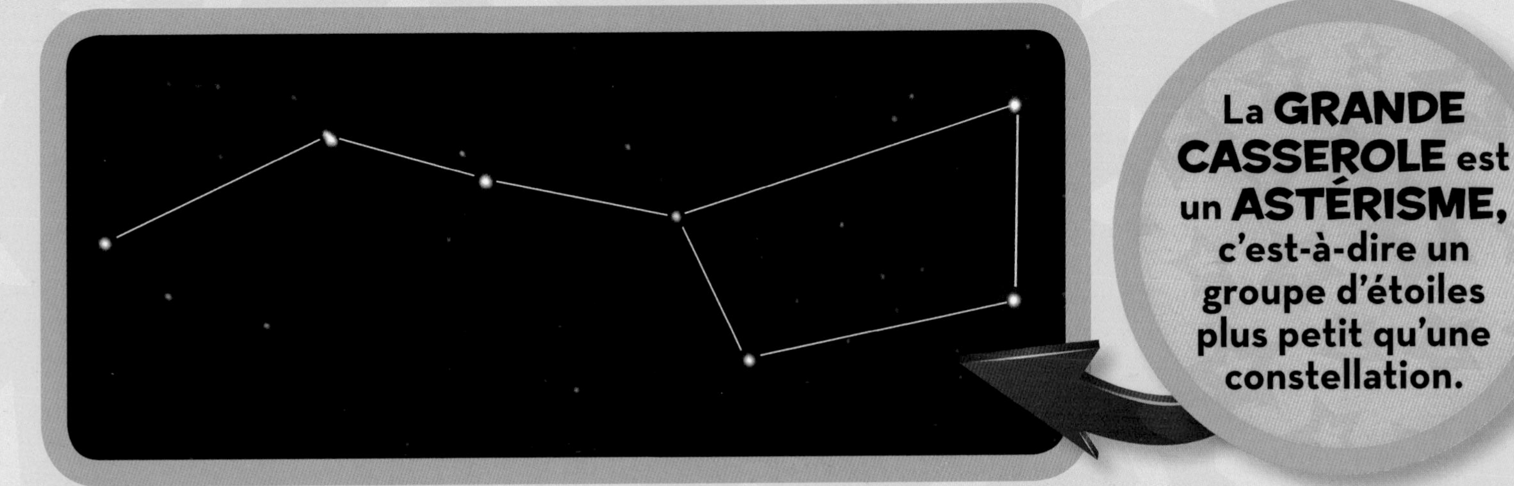

La GRANDE CASSEROLE est un ASTÉRISME, c'est-à-dire un groupe d'étoiles plus petit qu'une constellation.

Il
existe des
MILLIARDS
de **GALAXIES**
dans
l'univers.

Les galaxies
SPIRALES ont la
forme d'un
VIREVENT.

LES GALAXIES

Une galaxie est un ensemble d'étoiles, de matières gazeuses et de poussières liées par la gravité. Les galaxies ont différentes formes. Voici des photographies des trois formes principales : spirale, irrégulière et elliptique.

Les galaxies **ELLIPTIQUES** ont la forme d'un **ŒUF.**

Les galaxies **IRRÉGULIÈRES N'ONT PAS** de **FORME** particulière.

Quel type de galaxie préfères-tu?

La **NUIT,** toutes les **ÉTOILES** visibles se trouvent dans la **VOIE LACTÉE.**

LA VOIE LACTÉE

La Terre se trouve dans une galaxie appelée la Voie lactée. Il s'agit d'une galaxie spirale.

La Voie lactée est immense. Elle contient des milliards d'étoiles. (C'est beaucoup!)

La **TERRE** est située juste ici, sur l'un des **BRAS** de la **VOIE LACTÉE.**

Terre

La galaxie d'**ANDROMÈDE** est la galaxie **LA PLUS PROCHE** de la **VOIE LACTÉE.**

Peux-tu compter le nombre de zéros dans 1 000 000 000 (un milliard)?

Peux-tu dessiner la forme de la nébuleuse du Papillon avec ton doigt?

LES NÉBULEUSES

Les étoiles se forment (elles naissent), puis elles évoluent pendant des milliards d'années. Quand leur énergie s'épuise, elles meurent.

Certains types d'étoiles explosent quand elles meurent. La poussière d'étoiles ainsi produite est appelée une nébuleuse.

De nouvelles étoiles naissent dans une nébuleuse quand des gaz et des poussières se contractent et forment de jeunes étoiles.

La **NÉBULEUSE DE L'HÉLICE** ressemble à un œil.

Voici comment un **ARTISTE** a imaginé la lumière et quelques autres objets célestes attirés par un **TROU NOIR.**

LES TROUS NOIRS

Au centre de la galaxie de la Voie lactée, il y a un trou noir.

Les trous noirs sont invisibles; on ne peut pas les voir. Un trou noir est une région de l'espace où le champ gravitationnel est tellement fort que rien ne peut y échapper.

La lumière ne peut pas échapper aux trous noirs non plus. C'est pourquoi nous ne pouvons pas les voir.

Il y a un TROU NOIR au CENTRE DE LA PLUPART DES GALAXIES.

Qu'est-ce qui est invisible : ton lit, l'air que tu respires ou la voiture de tes parents?

CHAPITRE CINQ

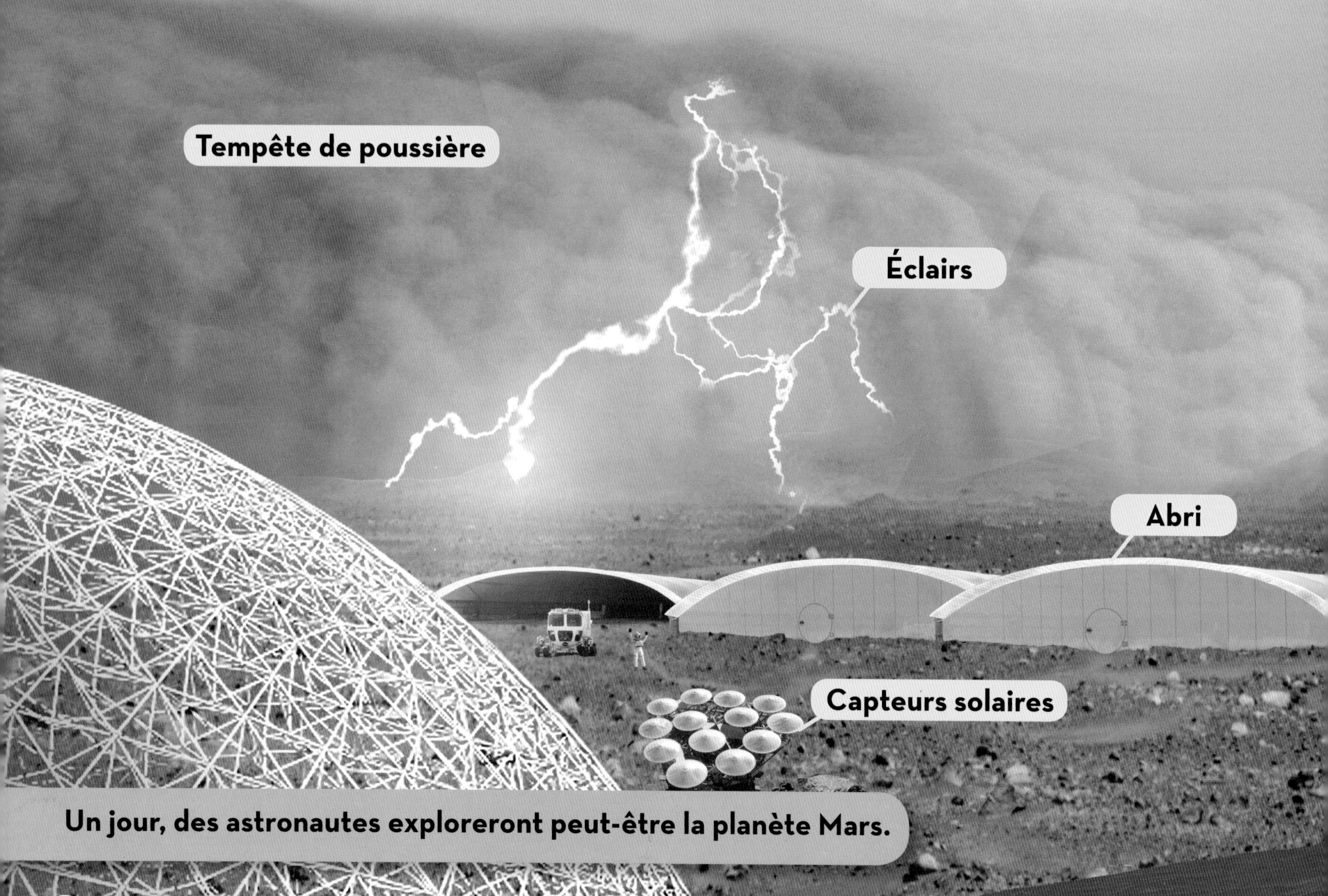

Un jour, des astronautes exploreront peut-être la planète Mars.

L'EXPLORATION DE L'ESPACE

Véhicule

Laboratoire

Astronaute

La **FORME** d'une fusée lui permet de fendre l'atmosphère. Elle est **LONGUE** et **ÉLANCÉE,** et son bout est **POINTU.**

La **FUSÉE** qui a transporté le rover ***CURIOSITY*** dans l'espace afin qu'il commence son voyage vers Mars était du type ***ATLAS V.***

Curiosity

Sais-tu en quelle année *Curiosity* a été lancée?
(INDICE : Voir la page 49.)

LES FUSÉES

Une fusée permet aux astronautes de voyager dans l'espace avec tout l'équipement nécessaire. Le lancement est l'étape pendant laquelle la fusée est propulsée dans les airs.

Les **SATELLITES MÉTÉOROLOGIQUES** nous aident à nous habiller selon le temps prévu (pluie, neige, soleil).

La fusée doit atteindre une vitesse supérieure à 11 kilomètres par seconde pour échapper à la force gravitationnelle.

Certaines fusées servent à placer des satellites en orbite autour de la Terre. Ces satellites aident à établir des cartes, permettent la communication par téléphone cellulaire et transmettent les signaux de télévision.

Casque avec visière

Gants chauffants

Système autonome de survie

Bande servant à identifier l'astronaute

Bottes spatiales

Une **COMBINAISON SPATIALE** comprend de nombreux éléments servant à protéger l'astronaute.

LA STATION SPATIALE INTERNATIONALE

La Station spatiale internationale (SSI) est en orbite autour de la Terre. Des astronautes y travaillent et y vivent pendant quelques semaines ou quelques mois.

Parfois, les astronautes sortent de la SSI pour travailler à l'extérieur. Ils font une sortie dans l'espace. Il n'y a pas d'air et il y fait très froid. C'est pourquoi les astronautes portent une combinaison spatiale protectrice.

La **SSI** est à peu près aussi grande qu'un **TERRAIN DE FOOTBALL.**

Aimerais-tu enfiler une combinaison spatiale et faire une sortie dans l'espace?

Certains des **PLUS GRANDS TÉLESCOPES** terrestres sont installés au **SOMMET D'UNE MONTAGNE,** là où la **VISIBILITÉ** est **MEILLEURE.**

LES TÉLESCOPES

Un télescope nous aide à voir les objets qui sont trop loin dans l'espace pour qu'on puisse les observer à l'œil nu. Dans un télescope, les objets semblent plus proches et plus gros.

Les astronomes utilisent des télescopes gigantesques et puissants pour étudier l'espace. Tu peux utiliser un télescope bien plus petit à la maison.

As-tu déjà utilisé des jumelles ou un télescope pour observer des choses éloignées?

Le télescope spatial *Hubble*

Hubble, un télescope spatial de la taille d'un autobus scolaire, est en orbite autour de la Terre. Depuis 1990, *Hubble* a pris plus d'un million de clichés de planètes, d'étoiles et de galaxies. Voici quelques-unes de ces photos.

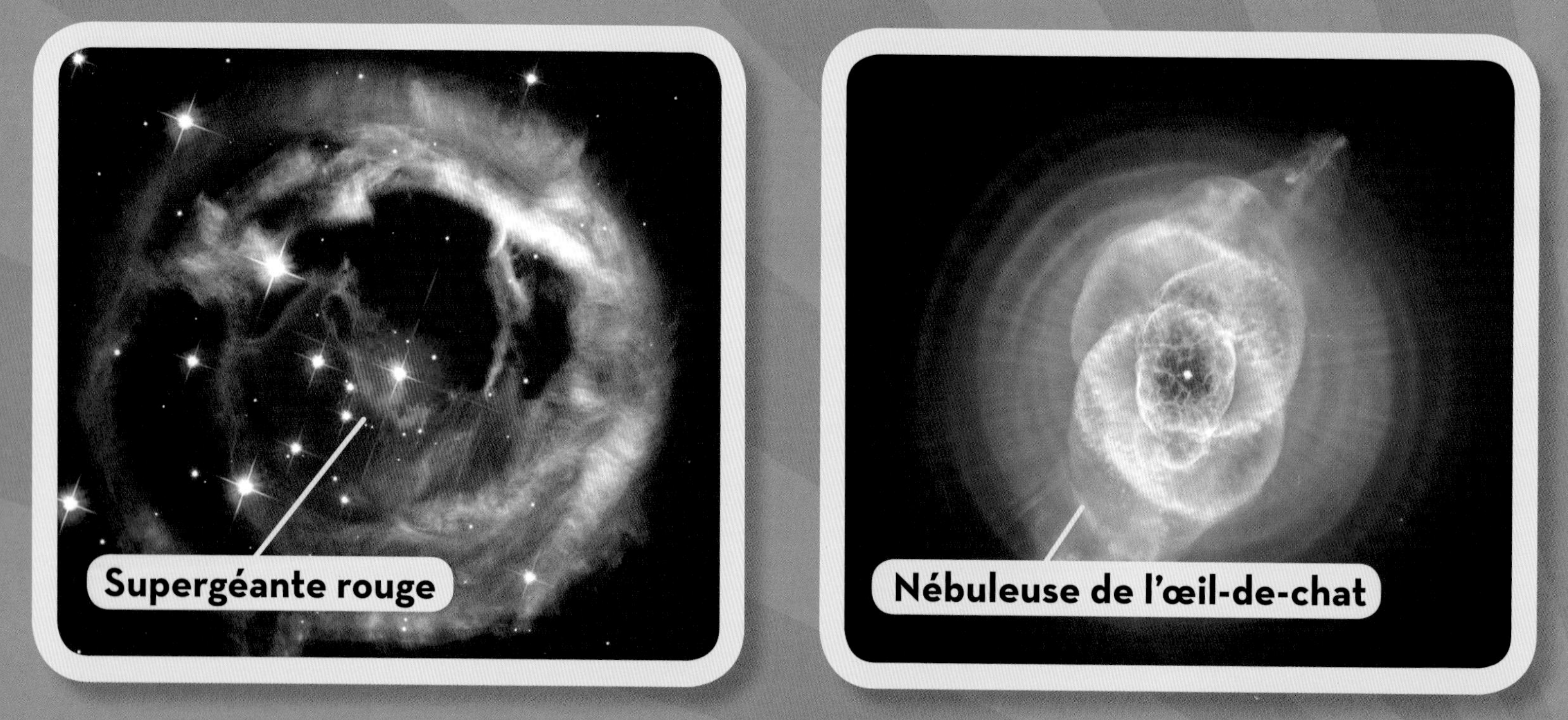
Supergéante rouge

Nébuleuse de l'œil-de-chat

Comme il flotte au-dessus de l'atmosphère, le télescope ***HUBBLE*** a une **BIEN MEILLEURE VUE** sur l'espace que les télescopes installés au sommet d'une **MONTAGNE.**

Montagne mystique, nébuleuse de la Carène

En 2018, *Hubble* sera remplacé par un nouveau télescope spatial appelé *James Webb.* Il permettra de voir encore plus loin et encore mieux qu'avec *Hubble.*

Les astronomes ont découvert des milliers de **PLANÈTES** qui **ORBITENT** autour **D'ÉTOILES** à l'extérieur de notre système solaire.

Dans d'autres systèmes solaires, certaines planètes ont **DEUX SOLEILS.**

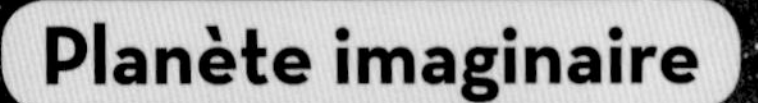
Planète imaginaire

LA ZONE « BOUCLE D'OR »

La NASA a trouvé une PLANÈTE TRÈS TRÈS ÉLOIGNÉE située dans une zone « Boucle d'or ».

Les scientifiques se demandent s'il y a de la vie sur d'autres planètes.

Ils cherchent des planètes semblables à la Terre dans des zones appelées « Boucle d'or ». Cette expression signifie que la planète est juste à la bonne distance de son étoile et qu'elle n'est ni trop chaude ni trop froide. Elle est au bon endroit pour abriter la vie.

Il existe probablement de nombreuses planètes dans des zones « Boucle d'or » à l'extérieur de notre système solaire.

Connais-tu l'histoire de « Boucle d'or et les trois ours »? (Boucle d'or aimait les choses « juste comme il faut ».)

S'il existe un jour une station spatiale sur Mars, aimerais-tu la visiter?

VIVRE SUR MARS?

Les scientifiques croient qu'un jour, les humains se rendront sur Mars. Toutefois, cela ne se produira pas avant très longtemps.

Un vaisseau de l'entreprise **VIRGIN GALACTIC** effectue un vol d'essai au-dessus de la **CALIFORNIE.**

Cependant, des gens comme toi voyageront peut-être dans l'espace à bord d'un engin spatial ressemblant à un avion sous peu!

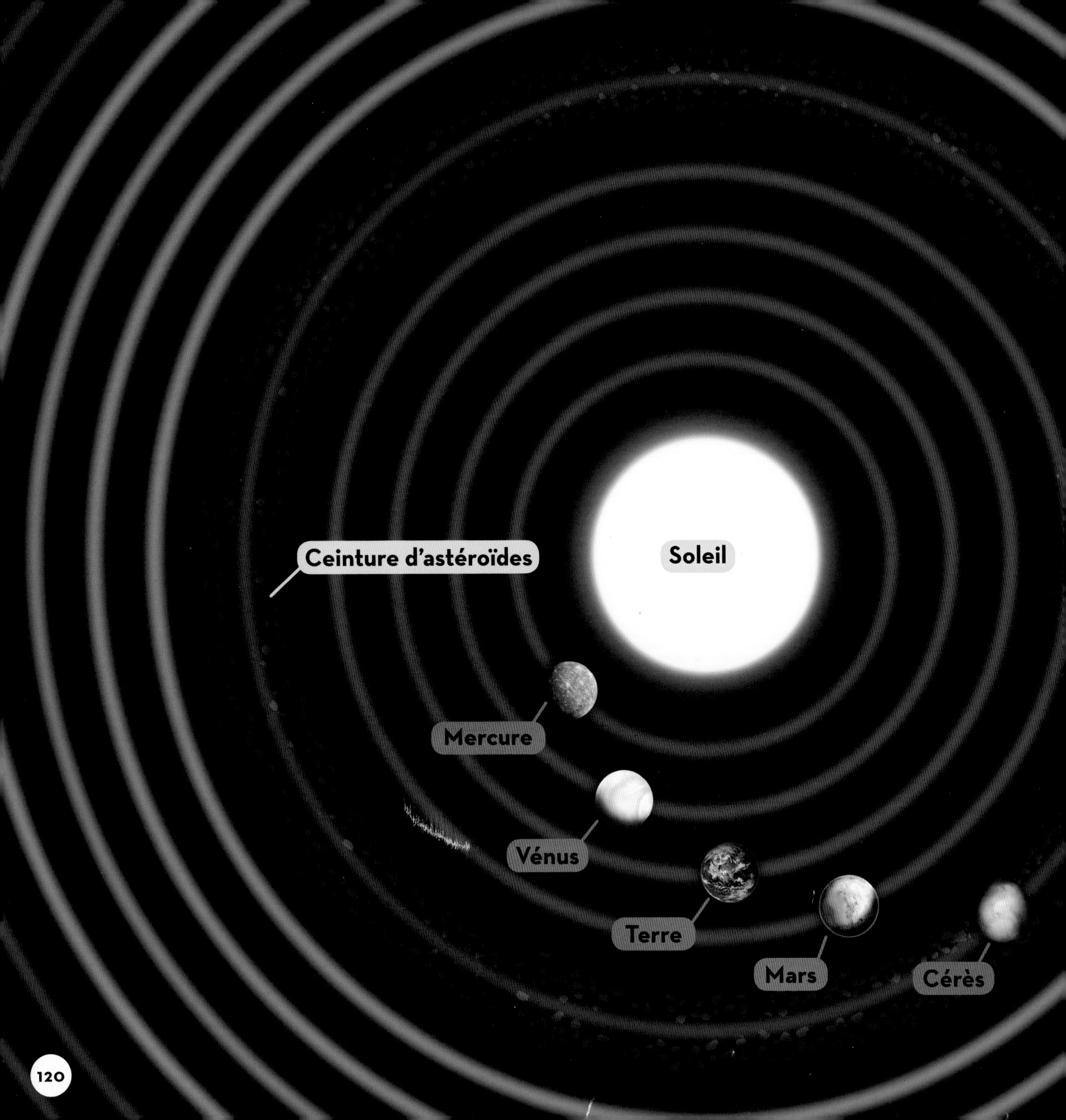
Ceinture d'astéroïdes
Soleil
Mercure
Vénus
Terre
Mars
Cérès

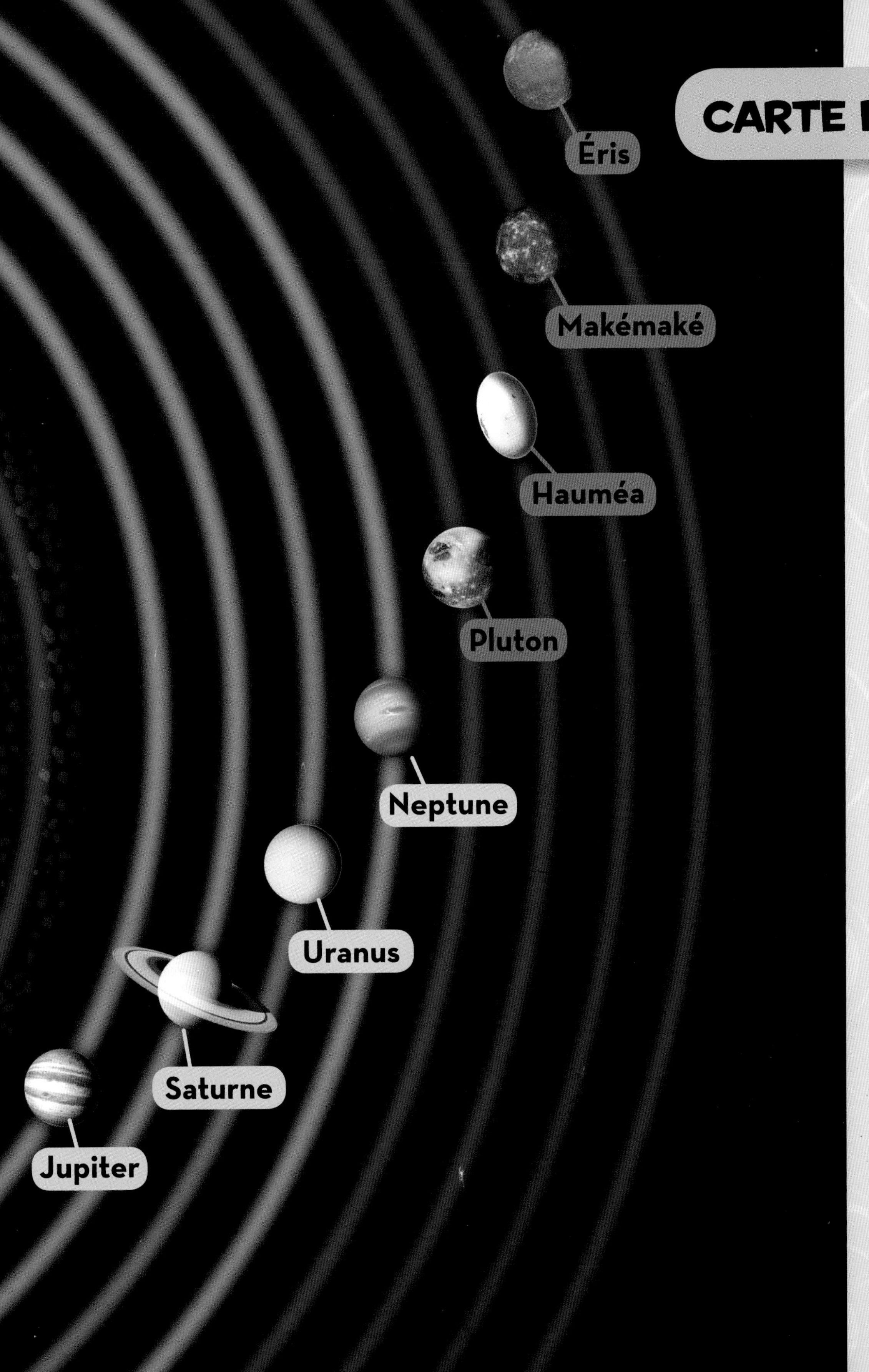

CARTE DU SYSTÈME SOLAIRE

Ce schéma montre dans l'ordre les planètes et les planètes naines en orbite autour du Soleil. Les planètes ne sont pas représentées à l'échelle.

PLANÈTES ROCHEUSES

Mercure

Vénus

Terre

Mars

GÉANTES GAZEUSES

Jupiter

Saturne

Uranus

Neptune

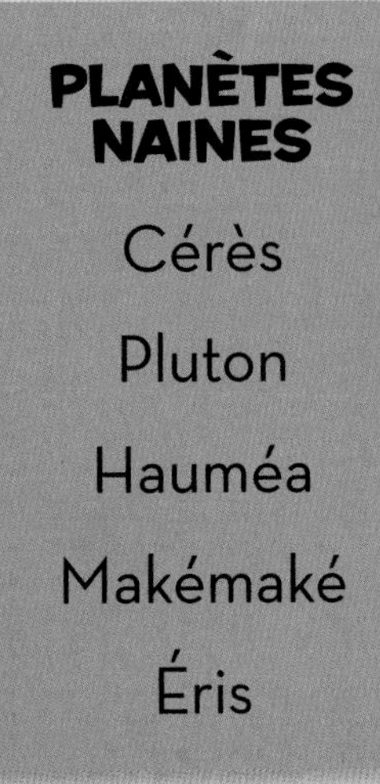

PLANÈTES NAINES

Cérès

Pluton

Hauméa

Makémaké

Éris

CONSEILS AUX PARENTS

Poursuivez la découverte de l'espace avec vos enfants après avoir lu ce livre. Une visite au planétarium est une excellente façon de satisfaire leur curiosité. Voici d'autres activités que vous pouvez faire avec *MON GRAND LIVRE DE L'ESPACE* de National Geographic Kids.

LE LEVER ET LE COUCHER DU SOLEIL
(OBSERVATION)

Le Soleil est une étoile. Renforcez les notions de lever et de coucher du Soleil en suivant sa trajectoire dans le ciel pendant un jour ensoleillé. Regardez le Soleil se lever et faites observer à votre enfant qu'il apparaît à l'Est. Allez à l'extérieur en matinée, à midi et au milieu de l'après-midi, puis observez le Soleil se coucher le soir. Chaque fois, soulignez le changement de position du Soleil. Expliquez qu'il se couche à l'Ouest et se lève à l'Est.

LE JOUR ET LA NUIT
(EXPÉRIMENTATION)

La Terre tourne sur elle-même comme une toupie. Dans une pièce à l'éclairage tamisé, demandez à votre enfant de tenir une lampe de poche en s'imaginant être le Soleil. Dessinez un point sur un ballon ou collez un morceau de papier sur un globe terrestre pour représenter l'endroit où vous vivez. Puis montrez à votre enfant comment la Terre tourne sur son axe : le jour, le point fait face au Soleil, et la nuit, le point est caché du Soleil. Ensuite, changez de rôle avec votre enfant. Laissez-le tenir la « Terre » pendant que vous projetez dessus la lumière du « Soleil ».

LES PHASES LUNAIRES
(JOURNAL MENSUEL)

L'observation des phases lunaires exige de la patience. Vérifiez à quel moment le prochain croissant de lune sera visible dans votre région. Faites remarquer à votre enfant que la Lune a la forme d'une banane et aidez-le à la dessiner sur un calendrier.

À quelques nuits d'intervalle, faites-lui remarquer que la forme de la Lune change à mesure qu'elle « grossit », puis « rapetisse ». Dessinez ces formes sur le calendrier. Voici la liste complète des huit phases de la Lune (quatre sont décrites aux pages 26 et 27) : la nouvelle Lune, le premier croissant, le premier quartier, la Lune gibbeuse croissante, la pleine Lune, la Lune gibbeuse décroissante, le dernier quartier et le dernier croissant. Fêtez la pleine Lune en confectionnant un bon dessert bien rond... à son image!

LA LUNE VUE DE PRÈS
(UTILISATION DE JUMELLES)

Si vous avez un télescope, montrez à votre enfant comment observer la Lune. Sinon, utilisez des jumelles. L'observation sera beaucoup plus agréable si vous fixez les jumelles sur un trépied. Demandez à votre enfant de décrire l'apparence de la Lune et de la comparer avec ce qu'il voit à l'œil nu.

LES ÉTOILES FILANTES
(OBSERVATION)

En août et en décembre, les Perséides et les Géminides, des pluies de météores, offrent une formidable occasion de voir des étoiles filantes. Si vous et votre enfant êtes partants pour cette aventure nocturne, suivez l'actualité ou consultez des sites Internet sur l'astronomie afin de savoir à quel moment la pluie d'étoiles filantes sera le plus intense. Étendez-vous à l'extérieur sur une couverture confortable, et admirez le spectacle!

LE JEU DE CARTES DES PLANÈTES
(MÉMOIRE)

Il y a huit grandes planètes et cinq planètes naines dans notre système solaire. Fabriquez un jeu de cartes avec des fiches cartonnées suffisamment grandes pour qu'on puisse dessiner les planètes dessus. Faites deux cartes identiques pour chaque planète. D'un côté de la carte, l'enfant dessine une planète avec votre aide. De l'autre côté, ajoutez des informations particulières à cette planète que vous trouverez dans ce livre. Aidez votre enfant à écrire le nom des planètes : Mercure, Vénus, Terre, Mars, Jupiter, Saturne, Uranus, Neptune, Cérès, Pluton, Hauméa, Éris et Makémaké. Puis jouez à un « jeu de mémoire » avec les cartes.

POINT À POINT
(COMPTER)

Les constellations forment dans le ciel des dessins faits de points reliés les uns aux autres. Inscrivez des points numérotés sur une feuille et demandez à votre enfant de les relier dans l'ordre croissant.

ÉTOILE DU SOIR
(POÉSIE)

Apprenez à votre enfant ce poème populaire :

Étoile du soir,
étoile d'espoir,
brille de mille feux
et exauce mon vœu.

Encouragez votre enfant à formuler un vœu. Profitez de l'occasion pour parler des vœux. Expliquez la différence entre les vœux « farfelus » (Je souhaite pouvoir voler!) et les vœux réalistes (Je souhaite aller au parc!).

L'HEURE DU CONTE
(HISTOIRE À RACONTER)

La planète Terre se trouve dans une zone appelée « Boucle d'or ». Lisez à voix haute le conte *Boucle d'or et les trois ours*. Ensuite, proposez à votre enfant d'écrire un « livre » sur la visite d'une planète nouvellement découverte et située dans une zone « Boucle d'or ». Demandez-lui de vous raconter l'histoire pendant que vous l'écrivez, puis d'illustrer le livre en dessinant des images sur chaque page. Faites-lui faire une page de couverture et écrire le titre de son livre.

GLOSSAIRE

ASTÉRISME
Groupe d'étoiles plus petit qu'une constellation.

ASTÉROÏDE
Petite roche qui flotte dans l'espace.

ASTRONAUTE
Personne qui voyage dans l'espace.

ASTRONOME
Personne qui étudie l'espace.

ATMOSPHÈRE
Air entourant une planète.

CALLISTO
Une des quatre grosses lunes en orbite autour de Jupiter.

CEINTURE D'ASTÉROÏDES
Zone située entre Mars et Jupiter où la plupart des astéroïdes orbitent autour du Soleil.

CEINTURE DE KUIPER
Zone située au-delà de Neptune.

COMÈTE
Corps céleste constitué de glaces, de roches et de poussières qui effectue une longue orbite autour du Soleil.

COMÈTE RASANTE
Corps céleste qui passe suffisamment près du Soleil pour être profondément altéré ou pour se volatiliser.

CONSTELLATION
Un des 88 groupes d'étoiles formant un dessin imaginaire.

COUCHER DU SOLEIL
Moment où le Soleil disparaît du ciel, à la fin de la journée.

DEIMOS
Une des deux lunes en orbite autour de Mars.

ÉRUPTION SOLAIRE
Explosion soudaine se produisant dans l'atmosphère du Soleil.

ÉTOILE
Sphère de gaz qui brille, comme le Soleil qui éclaire la Terre, habituellement visible dans le ciel nocturne.

ÉTOILE FILANTE
Nom donné à un météore qui se consume en pénétrant l'atmosphère de la Terre.

EUROPA
Une des quatre plus grosses lunes en orbite autour de Jupiter.

FUSÉE
Vaisseau spatial puissant qui emmène dans l'espace des astronautes, des satellites et de l'équipement.

GALAXIE
Immense ensemble composé d'étoiles, de matières gazeuses et de poussières liées par la gravité.

GANYMÈDE
Une des quatre plus grosses lunes en orbite autour de Jupiter.

GRANDE TACHE ROUGE
Gigantesque tempête sur Jupiter.

GRANDE TACHE SOMBRE
Gigantesque tempête sur Neptune, décelée par la sonde *Voyager 2* en 1989, qui n'apparaissait plus sur les photographies prises par le télescope *Hubble* en 1994.

GRAVITÉ
Force invisible puissante qui empêche, par exemple, les objets de s'envoler de la Terre.

IO
Une des quatre plus grosses lunes en orbite autour de Jupiter.

LAVE
Matière rocheuse provenant d'un volcan.

LEVER DU SOLEIL
Moment où le Soleil apparaît dans le ciel, le matin.

LUNE
Objet céleste naturel orbitant autour d'une planète.

MÉTÉORE
Fragment de roche de l'espace qui se consume en pénétrant l'atmosphère terrestre; parfois appelé étoile filante.

MÉTÉORITE
Fragment de roche de l'espace (météore) qui atteint la surface de la Terre.

MODULE ATTERRISSEUR
Engin spatial qui se pose sur une planète, une lune ou un autre objet céleste.

NASA
Acronyme de la National Aeronautics and Space Administration, l'agence spatiale des États-Unis.

NÉBULEUSE
Nuage de poussières créé par une explosion d'étoiles.

NÉRÉIDE
Troisième lune de Neptune du point de vue de la taille.

ORBITE
Trajectoire décrite dans l'espace autour d'une planète ou d'une étoile.

ORBITEUR
Engin spatial qui reste en orbite autour d'une planète, d'une lune ou d'un autre corps céleste, sans se poser.

PHASES LUNAIRES
Les huit aspects de la Lune durant son orbite autour de la Terre : la nouvelle Lune, le premier croissant, le premier quartier, la Lune gibbeuse croissante, la pleine Lune, la Lune gibbeuse décroissante, le dernier quartier et le dernier croissant.

PHOBOS
Une des deux lunes en orbite autour de Mars.

PLANÈTE
Objet céleste, gros et rond, qui orbite autour d'une étoile.

PLANÈTE NAINE
Catégorie de petites planètes qui comprend Cérès, Pluton, Hauméa, Makémaké et Éris.

PROTÉE
Deuxième lune de Neptune du point de vue de la taille.

PROXIMA DU CENTAURE
Deuxième étoile à partir de la Terre.

SATELLITE
Engin spatial placé en orbite autour d'une planète et chargé d'équipement qui exécute divers travaux, comme prendre des mesures météorologiques et tracer des cartes.

SOLEIL
Étoile au centre du système solaire où se trouve la Terre.

SONDE SPATIALE
Engin spatial non habité lancé pour explorer et étudier le milieu interplanétaire et certains objets célestes.

SURVOL
Passage d'un engin spatial près d'une planète, d'une lune ou d'un autre objet céleste.

SYSTÈME SOLAIRE
Ensemble formé par une étoile et les objets célestes en orbite autour d'elle.

TÉLESCOPE
Instrument, ayant habituellement la forme d'un tube, qui permet de voir de plus près les objets éloignés.

TRITON
La plus grosse des lunes en orbite autour de Neptune.

UNIVERS
Tout ce qui existe dans l'espace.

RÉFÉRENCES PHOTOGRAPHIQUES

Toutes les illustrations sont de David Aguilar, sauf indication contraire.

1, kentoh/Shutterstock; 7, NASA; 14, Zhabska Tetyana/Shutterstock; 15, ESA/NASA/SOHO; 16, Sergej Khakimullin/Shutterstock; 17 (gauche), djgis/Shutterstock; 17 (droite), Dan Briški/Shutterstock; 18, David Aguilar; 19, John Wheeler/Alamy; 20 (haut), Felix Mizioznikov/Shutterstock; 20 (bas), Ocean/Corbis; 21 (gauche), Vasiliy Koval/Shutterstock; 21 (droite), Toncsi/Shutterstock; 22, ZouZou/Shutterstock; 23, Frans Lanting/National Geographic Stock; 25 (gauche), Dennis Hallinan/Alamy; 26 (gauche), Yarygin/Shutterstock; 26 (droite), Bruce Heinemann/Getty Images; 27 (gauche), Thom Gourley/age fotostock/Getty Images; 27 (droite), Radius Images/Getty Images; 28 (gauche), NASA; 29, NASA; 31, Detlev van Ravenswaay/Photo Researchers, Inc.; 37 (gauche), Stocktrek Images/Getty Images; 38, NASA; 39, NASA; 41 (gauche), Photo Researchers/Getty Images; 42, NASA; 43, NASA/JPL; 45 (gauche), NASA/JPL; 46 (haut, gauche), NASA/JPL-Caltech/Université de l'Arizona; 46 (bas, gauche), NASA/JPL-Caltech/Université de l'Arizona; 46 (droite), Stocktrek Images/Getty Images; 47, Stocktrek Images/Getty Images; 48 (haut), NASA/JPL; 48 (bas), NASA/JPL/Cornell; 49, NASA/JPL/Caltech; 52, NASA; 53 (haut, gauche), NASA; 53 (haut, droite), NASA; 53 (bas), NASA; 54, NASA/JPL; 55, NASA/JPL; 57 (gauche), Ludek Pesek/National Geographic Stock; 58, Steve A. Munsinger/Photo Researchers, Inc.; 60, NASA/JPL; 61 (gauche), Atlas Photo Bank/Photo Researchers, Inc.; 61 (droite), NASA/ESA; 63 (bas, gauche), NASA; 63 (bas, droite), NASA/JPL; 64, Stocktrek Images/Getty Images; 65 (gauche), Stocktrek Images/Getty Images; 65 (droite), NASA; 69, NASA; 73, NASA/Laboratoire de physique appliquée de l'Université Johns Hopkins; 74, NASA/JPL-Caltech; 80, Mark Garlick/Photo Researchers, Inc.; 81, NASA/Laboratoire de physique appliquée de l'Université Johns Hopkins/Southwest Research Institute; 86, ESA/AFP/Getty Images; 87, Erik Viktor/AFP/Getty Images; 90, NASA/JPL-Caltech/STScI/Institut d'astrophysique; 91, NASA/JPL-Caltech; 92, NASA/ESA; 94, BestPhotoByMonikaGniot/Shutterstock; 95, Julian Baum/Photo Researchers, Inc.; 96, Amana Images Inc./Alamy; 97, Science Source/Photo Researchers/Getty Images; 98, NASA/ESA/STScI; 98 (droite), StockCube/Shutterstock; 99 (gauche), NASA/ESA/STScI/AURA; 99 (droite), NASA/ESA/STScI; 100, Babak Tafreshi/Photo Researchers, Inc.; 101, Cartes National Geographic/National Geographic Stock; 102, NASA; 103, NASA/ESA/Hubble SM4 ERO Team; 108, NASA/Darrell L. McCall; 108 (médaillon), NASA/JPL-Caltech; 109, Andrea Danti/Shutterstock; 110, NASA; 111, NASA/National Geographic Stock; 112, David Robertson/Alamy; 113, Steve Cole/iStockphoto; 114 (haut), NASA/STScI; 114 (bas, gauche), NASA/AURA/STScI; 114 (bas, droite), NASA/ESA/HEIC/STScI/AURA; 115, NASA/ESA/STScI; 118, Stocktrek Images/Getty Images; 119, David Paul Morris/Bloomberg/Getty Images

INDEX

Les illustrations sont indiquées en **caractères gras**.

A
Andromède (galaxie) 101
Astérismes 97, 124
Astéroïdes **70-71**, **72**, 73, 75, **76**, 124
Astronautes
définition 124
dans la Station spatiale internationale 110, **110**, 111
sur Mars **106-107**, **118**
sur la Lune 28, 29, **29**
fusées 109, 124
Atlas V (fusée) 108, **108**
Atmosphère 29, 124

B
Boucle d'or (zone) 116, **116**, 117, 123

C
Callisto (lune de Jupiter) 53, **53**, 124
Capteurs solaires **106**
Cassini (sonde spatiale) **60**, 60-61
Ceinture d'astéroïdes **8**, 73, **120-121**, 124
Ceinture de Kuiper
comètes **84**, 86
définition 124
planètes naines 79, 83
position dans le système solaire **9**
Cérès (planète naine) **8**, **76**, 77, 81, **120-121**
Charon (lune de Pluton) **78**, 80, **80**
Combinaison spatiale 29, **29**, 110, **110**, 111
Comètes **84-87**, 124
Comète rasante 85, 125
Constellations 96, **96**, 97, **97**, 123, 124
Coucher du soleil 17, **17**, 122, 125
Cratères 39, **39**
Curiosity (rover) 49, **49**, 108, **108**
Cygne (constellation) **96**

D
Dactyl (lune d'Ida) 75
Dawn (sonde spatiale) **74**, 75, 77, 81
Deimos (lune de Mars) 44, 46, **46**, 124
Dioné (lune de Saturne) **58**

E
Éris (planète naine) **9**, 83, **83**, **120-121**
Éros (astéroïde) **73**
Éruption solaire **12**, 125
Été 21, **21**
Étoiles **88-89, 92-97**
conseils aux parents 123
constellations 96, **96**, 97, **97**, 123, 124
définition 125
Proxima du Centaure 95, **95**, 124
supergéante rouge **114**
température **92**, 92-93
Étoiles chaudes **92**, 93, **93**
Étoiles filantes 30, **30**, 123, 124
Étoiles froides **92**, 93, **93**
Europa (lune de Jupiter) 52, **52**, 53, 124
Exploration de l'espace **106-119**

F
Fer 45, **45**
Fusées 108, **108**, 109, 124

G
Galaxies **98-101**, 124
Galaxies elliptiques 99, **99**
Galaxies irrégulières 99, **99**
Galaxies spirales 98, **98**, 99, 101, **101**
Galileo (véhicule spatial) 54, **54**
Ganymède (lune de Jupiter) 53, **53**, 124
Géantes gazeuses 35
Grande casserole (astérisme) 96, **96**, **97**
Grande Ourse (constellation) **96**
Grande Tache rouge
Jupiter 50, **50**, 51, 124
Grande Tache sombre
Neptune **66**, 67, 124
Gravité 22, 124

H
Hauméa (planète naine) **9**, **82**, 83, **120-121**
Hélice (nébuleuse) 103, **103**
Hi'iaka (lune d'Hauméa) **82**, 83
Hiver 21, **21**
Hubble (télescope spatial) 114, **114**, 115
Huygens (module atterrisseur) 61, **61**

I
Ida (astéroïde) 75
Io (lune de Jupiter) 53, **53**, 124

J
Jaguar 23, **23**
James Webb (télescope spatial) 115
Japet (lune de Saturne) **58**
Jour **16**, 16-17, **17**, 20, **20**, 122
Juno (sonde spatiale) 55, **55**
Jupiter (planète) **50-55**
aéronefs envoyés vers Jupiter **54**, 54-55, **55**
atmosphère 50
Grande Tache rouge 50, **50**, 51, 124
infos 51
lunes **52**, 52-53, **53**, 124
orbite 51, **120-121**
position dans le système solaire **8**, **34**

L
Lever du soleil 16, **16**, 122, 125
Lune **18**, **24-29**, 30
comparaisons **37**, **41**
conseils aux parents 122-123
définition 124
forme **26-27**
infos 25
module atterrisseur 28, **28**
lever **10-11**
orbite 24, 25
phases **26**, 26-27, **27**, 122, 124
surface **47**
véhicule lunaire 29, **29**

M
Maat Mons, Vénus 43, **43**
Magellan (sonde spatiale) **42**, 42-43
Makémaké (planète naine) **9**, 83, **83**, **120-121**
Mars (planète) **44-49**
exploration **106-107**
fer 45, **45**
infos 45
lunes **44**, 46, **46**
orbite **120-121**
position dans le système solaire **8**, **34**
rovers 48, **48**, 49, **49**
vivre sur Mars 118, **118**, 119
volcans 44
Mercure (planète) **36-39**
aéronefs envoyés vers Mercure 38, **38**, 39
infos 37
orbite 37, **120-121**
position dans le système solaire **8**, **34**
MESSENGER (sonde spatiale) 38, **38**, 39
Météores et météorites **30**, 31, **31**, 123, **124**
Miranda (lune d'Uranus) **64**, 65, **65**
Module atterrisseur (véhicule spatial) 61, **61**, 124
Montagne mystique (nébuleuse de la Carène) **115**

INDEX

N
Naines (planètes) **76-83**, 123, 124
Namaka (lune d'Hauméa) **82**, 83
National Aeronautics and Space Administration (NASA) 38, 124
Nébuleuses **90**, 103
définition 124
montagne mystique, nébuleuse de la Carène **115**
nébuleuse de l'Hélice 103, **103**
nébuleuse de l'Œil de chat **114**
nébuleuse du Papillon **102**
Neptune (planète) **66-69**
aéronefs envoyés vers Neptune 69, **69**
Grande Tache sombre **66**, 67, 124
infos 67
lunes 68, **68**, 69
orbite **120-121**
position dans le système solaire **9**, **34**
tempête 67
Néréide (lune de Neptune) 69, 124
New Horizons (sonde spatiale) 81, **81**
Nuit 17, **17**, 20, **20**, 122

O
Œil de chat (nébuleuse) **114**
Opportunity (rover) 49
Orbiteur (engin spatial) 60, 124
Orbite 14, 124

P
Papillon (nébuleuse) **102**
Phobos (lune de Mars) **44**, 46, **46**, 124
Planètes **32-69**
conseils aux parents 123
définition 124
zone « Boucle d'or » 116, **116**, 117
Planètes rocheuses 35
Pluton (planète naine) **78-81**
aéronefs envoyés vers Pluton 81, **81**
classification comme planète naine 79
infos 79
lunes **78**, 80, **80**
orbite 78, **120-121**
position dans le système solaire **9**
rotation 79
Protée (lune de Neptune) 69, 124
Proxima du Centaure (étoile) 95, **95**, 124

R
Rhéa (lune de Saturne) **58**
Rosetta (sonde spatiale) **86**, **87**

S
Satellites météorologiques 109, **109**, 124
Saturne (planète) **56-61**, **63**
aéronefs envoyés vers Saturne **60**, 60-61, **61**
anneaux **56**, 57, **57**
infos 57
lunes 58, **58**, 59, **59**, 61, **61**
orbite **120-121**
position dans le système solaire **9**, **34**
Sojourner (rover) 48, **48**
Soleil 12-17
avertissement 17
coucher **10-11**
définition 125
distance de la Terre 13
éruption solaire **12**, 125
lumière **16**, 16-17, **17**, 94, **94**
position dans le système solaire **8-9**, 9, **34**
taille 15, **15**
Sonde spatiale 38, 42, 54-55, 60, 65, 69, 75, 77, 82, 86
Spirit (rover) **48**, 49
Station spatiale internationale (SSI) **110**, 111, **111**
Supergéante rouge (étoile) **114**
Survol 60, 124
Système solaire **8-9**, 9, 13, 125

T
Télescopes **112-115**, 125
Terre (planète) **18-23**
distance du Soleil 13
dans la galaxie 101, **101**
gravité 22
inclinaison 20, 21
météores et météorites **30**, 31, **31**
océans **18**
orbite 14, 14, **120-121**
position dans le système solaire **8**, **14**, **34**
rotation 19, 20, 43, 62
taille **15**, 18
vie 23, **23**
Téthys (lune de Saturne) **58**
Titan (lune de Saturne) **58**, 59, **59**, 61, **61**
Triton (lune de Neptune) 68, **68**, 125
Trous noirs **104**, 105

U
Univers **90**, 90-91, **91**, 125
Uranus (planète) **62-65**
aéronefs envoyés vers Uranus 65, 69, **69**
infos 63
lunes **64**, 65, **65**
orbite 62, **120-121**
position dans le système solaire **9**, **34**
rotation 62

V
Véhicule lunaire 29, **29**
Vénus (planète) **40-43**
aéronefs envoyés vers Vénus 42, **42**
dans le ciel, la nuit 41, **41**
infos 41
orbite **120-121**
position dans le système solaire **8**, **34**
rotation 42, 43
volcan 43, **43**
Vesta (astéroïde) **74**, 75
Virgin Galactic (compagnie) 119, **119**
Voie lactée (galaxie) 100, **100**, 101, **101**, 105
Volcans
Io 53
lave 124
Mars 44
Triton 68, **68**
Vénus 43, **43**
Voyager 2 (sonde spatiale) 65, 69, **69**

Publié par National Geographic Society

John M. Fahey, *Jr.*,
président du conseil d'administration et chef de la direction

Timothy T. Kelly,
président

Declan Moore,
vice-président directeur; président de l'édition

Melina Gerosa Bellows,
vice-présidente directrice de la création, enfants et famille, médias internationaux

Pour Tyler et Alexa, en souvenir de l'amour de leur grand-mère, Nancy Jo, qui a été une étoile scintillante pour tous ceux qu'elle a côtoyés. — CDH

Remerciements

Un merci spécial à James L. Green, Ph. D., et à Steven H. Williams, Ph. D., de la division des sciences planétaires de la National Aeronautics and Space Administration à Washington, D.C. Leur expertise et le temps qu'ils nous ont consacré ont été précieux lors de la création de ce livre.

National Geographic est l'une des institutions scientifiques et éducatives à but non lucratif les plus importantes au monde. Fondée en 1888 pour « accroître et diffuser les connaissances géographiques », sa mission est d'inciter le public à se préoccuper de la planète. National Geographic reflète la diversité mondiale par de multiples moyens : magazines, émissions de télévision, films, musique et émissions de radio, livres, DVD, cartes, expositions, événements en direct, publications scolaires, produits multimédias et marchandises. Le magazine officiel de la société, *National Geographic*, est publié en anglais et dans 33 autres langues et compte chaque mois plus de 38 millions de lecteurs. La chaîne de télévision The National Geographic Channel est regardée par 320 millions de foyers dans 166 pays en 34 langues. National Geographic Digital Media accueille plus de 15 millions de visiteurs chaque mois. National Geographic a financé plus de 9 400 projets de recherche scientifique, de préservation et d'exploration, et elle soutient un programme éducatif promouvant le savoir géographique. Pour plus de renseignements, veuillez vous rendre à nationalgeographic.com.

Catalogage avant publication de Bibliothèque et Archives Canada
Hughes, Catherine D
[First big book of space. Français]
Mon grand livre de l'espace / Catherine D. Hughes;
illustrations de David A. Aguilar ; traduction de Groupe Syntagme.

Comprend un index.

Traduction de : First big book of space.
ISBN 978-1-4431-5445-1 (relié)

1. Astronomie--Ouvrages pour la jeunesse. I. Aguilar, David A., illustrateur II. Titre.
QB46.H8414 2016 j520 C2016-901791-5

Édition publiée par les Éditions Scholastic, 604, rue King Ouest, Toronto (Ontario) M5V 1E1
avec la permission de National Geographic Society.

5 4 3 2 1 Imprimé en Chine 38 16 17 18 19 20